Pilates

Das Fitnesstraining für Körper und Seele

Antje Korte

Ein Wort zuvor	5

› EINFÜHRUNG

Ein Workout für Körper und Seele	**7**
Was ist Pilates?	8
Die Muskeln in Balance bringen	9
Joseph Hubertus Pilates	10
Grundlagen des modernen Pilates-Trainings	**14**
Die Pilates-Prinzipien	15
Wann bietet sich Pilates-Training an?	21
Pilates zu Hause	**22**
So trainieren Sie richtig	23
Pilates im Studio	29

› PRAXIS

Ihr persönliches Trainingsprogramm	**31**
Machen Sie den Körper-Check!	32
Welcher Typ sind Sie?	33
Mein Trainingsplan	37
Das Workout	**39**
Einsteiger – stabil und beweglich von Anfang an	40
Sanfte Vorbereitung: Pre-Pilates-Übungen	40
Basisstabilisierung – Pilates-Basics	42
Stabiles Becken, stabile Schulter	48
Mobile Wirbelsäule	52
Dehnungen – Mobilisierung des Beckens	54
Stärkung für den Bauch	58

INHALT

Stärkung für Nacken, Schulter und Rücken	60
Stabiles Becken	64
Dehnungen Po – Taille – Nacken	66
Cool-down	67

Mittelstufe – ein großer Schritt weiter — 68

Warm-up	69
Noch mehr Kraft für den Bauch	71
Ein Balanceakt	75
Der Rücken – stark und beweglich	76
Schlanke Arme, straffe Beine, fester Bauch	82
Starke Schultern, stabiles Becken	84
Cool-down	86

Fortgeschrittene – Pilates für Könner — 88

Warm-up	89
Stärkung für das Powerhouse	95
Mobile Wirbelsäule, straffer Bauch	98
Starker Rücken, fester Po	102
Der Körper in Balance	106
Schlanke Taille, gesundes Becken	108
Mobile Wirbelsäule	112
Starke Schulter, starkes Becken	114

› SERVICE

Entspannungs-Workout	116
Bauch-Oberschenkel-Po-Workout	118
Workout für einen gesunden Rücken	120
Bücher, die weiterhelfen	122
CDs, Videos und DVDs zum Training	122
Adressen, die weiterhelfen	123
Sachregister	124
Übungsregister	125
Impressum	126
Das Wichtigste auf einen Blick	128

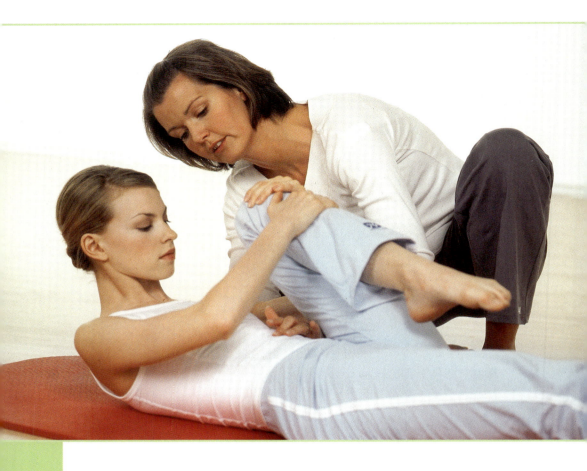

DIE AUTORIN

Antje Korte ist Pädagogin und Pilates-Trainerin und verfügt über langjährige Erfahrung im Bereich Körperarbeit. Sie ließ sich unter anderem in Düsseldorf und New York künstlerisch ausbilden in Klassischem Tanz, Jazz und Modern Dance. Während eines längeren Tanzaufenthalts in New York lernte sie das Pilates-Training kennen und lieben. Sie absolvierte ihre Ausbildung zur Pilates-Trainerin bei Body Control Pilates, London. An den Geräten wurde sie im Center Circle Pilates Studio, München, ausgebildet. Antje Korte betreibt ihr eigenes Studio am Niederrhein, in dem sie sowohl Mattenklassen unterrichtet als auch als Personal Trainer mit den Pilates-Geräten arbeitet. Sie ist Mitglied von Body Control Pilates in London, der Pilates Method Alliance, Florida, und TaMeD, Tanzmedizin Deutschland e. V.

Ein Wort zuvor

Als ich zum ersten Mal auf Pilates stieß, war ich fasziniert von der Präzision, mit der die Trainierenden ihre Übungen ausführten. Fast sahen ihre Bewegungen aus wie ein Tanz im Liegen. Zugleich fragte ich mich jedoch, was denn nun so spektakulär anders und neu an dieser Trainingsform sein sollte, deren Übungen nicht viel anders aussahen als die, die man schon aus anderen Workouts kennt.

Als ich dann mit meinem eigenen Pilates-Training begann, kristallisierte sich sehr schnell heraus, worin der große Unterschied zwischen Pilates und vielen anderen Formen des Körpertrainings besteht: Mit Pilates trainierte ich nicht nur meinen Körper, sondern ich bekam gleichzeitig die Möglichkeit, mich selbst näher kennen zu lernen. Ich lernte, meinen Körper genauer zu beobachten und meine körperlichen Fähigkeiten besser einzuschätzen; ich merkte, an welchen Stellen ich mich – sowohl körperlich als auch seelisch – verspannte. Schon bald konnte ich meine Erkenntnisse aus dem Training auch auf den Alltag übertragen.

Haben Sie Lust auf ein solches Workout, das Ihren gesamten Körper trainiert und das Ihnen gleichzeitig die Möglichkeit bietet, sich auf eine Entdeckungsreise zu sich selbst zu machen? Trainieren Sie mit Hilfe dieses Buches und erfahren Sie an Ihrem eigenen Körper, was das Besondere und Einzigartige an Pilates ist. Mit diesem Ratgeber können Sie sich anhand einer Selbstanalyse Ihr ganz individuelles Trainingsprogramm zusammenstellen und so in die Welt von Pilates eintauchen. Sie bekommen einen umfassenden Überblick über Theorie und Praxis des Pilates-Trainings und finden eine reichhaltige Auswahl an Übungen, von Basis- zu Fortgeschrittenenübungen, von Pre-Pilates- zu Originalübungen. Ein Buch für jeden Level!

Antje Korte

Ein Workout für
Körper und Seele

Ist die große Popularität von Pilates nur das Resultat einer geschickten Werbestrategie? Keineswegs! Pilates ist ein Training, das für jedermann leicht zu erlernen ist. Es ist sanft und zugleich effektiv, es macht Spaß und ist außergewöhnlich variabel. Treten Sie in die Fußstapfen der Stars von Hollywood und lernen Sie Pilates kennen!

Was ist Pilates?

Pilates ist ein äußerst sanftes und effektives Workout, das Ihnen die Möglichkeit gibt, Ihren Körper zu kräftigen und zu formen, zu dehnen und zu entspannen. In kürzester Zeit hilft Pilates, Ihre Körperhaltung zu verbessern, korrigiert Haltungsfehler und stärkt Ihr Körperbewusstsein.
In seinem Ursprung besteht das Trainingsprogramm nach Pilates aus einem Bodentraining (es wird in so genannten Mattenklassen unterrichtet) und zusätzlich einem Training an speziellen Geräten, die von Joseph Pilates selbst entwickelt wurden. Charakteristisch für dieses Workout und Basis für schnell sichtbare Trainingserfolge sind präzise ausgeführte Übungen mit geschmeidigen Bewegungen sowie ein größtmögliches Maß an Entspannung und eine natürliche, tiefe Atmung. Durch die bewusste Konzentration auf die einzelnen Bewegungen wird das Gehirn beim Üben nicht einfach ausgeschaltet, vielmehr ermöglicht ein wacher Geist die korrekte Ausführung der Übungen, denn er sorgt dafür, dass Sie Ihre Gedanken gezielt auf das lenken, was in Ihrem Körper geschieht.

Sie schlagen also zwei Fliegen mit einer Klappe, wenn Sie durch das Training nicht nur Ihren Körper straffen und formen, sondern gleichzeitig Ihre Körperwahrnehmung schulen – zum Lohn stellt sich ein herrlicher Entspannungszustand ein. Spüren Sie selbst, wie Pilates Ihren Geist erfrischt und die Seele harmonisiert, und profitieren Sie von einer positiveren Ausstrahlung als je zuvor!

Die Muskeln in Balance bringen

Haben Sie sich eigentlich schon einmal überlegt, was die Muskeln in unserem Körper im Stehen oder Sitzen, beim Gehen oder Laufen leisten? Das ist einiges; und es kommt dabei auf das harmonische Zusammenspiel der Muskeln an. Ein Muskel arbeitet nie allein, sondern immer mit einem ihm gegenüberliegenden Muskel zusammen. Beim Zusammenziehen des aktiven Muskels wird sein »Partner« auf der anderen Seite auseinander gezogen, wodurch die Kontraktion begrenzt und in einem für den Muskel gesunden Rahmen gehalten wird. Dieses Zusammenspiel gerät jedoch sehr häufig aus dem Gleichgewicht. Die Gründe hierfür sind ganz unterschiedlich. So benutzen wir unseren Körper oft einseitig: Wir sitzen allzu lange vor dem Computer, tragen unsere Kinder immer auf derselben Hüfte oder schleppen die schweren Einkaufstüten immer mit derselben Hand. Auch Krankheiten und Verletzungen beeinflussen den Körper. Ein verletzter Knöchel etwa oder das Gehen mit der Unterstützung von Gehhilfen haben oftmals zur Folge, dass man sich Bewegungen angewöhnt, die zwar den verletzten Teil des Körpers schonen, die Muskeln jedoch aus ihrer Balance bringen. Diese Ausweichbewegungen führen dazu, dass sich bestimmte Muskeln über einen langen Zeitraum hinweg zusammenziehen (kontrahieren), um die entsprechende Position einzunehmen. Dadurch werden die gegenüberliegenden Muskeln dauerhaft auseinander gezogen. Der kontrahierte Muskel verkürzt sich und verkrampft, der Gegenspieler wird überdehnt und geschwächt.

Mobilisatoren und Stabilisatoren

Um die Wichtigkeit der Muskelbalance zu verstehen, muss man wissen, dass unser Körper durch zwei Sorten von Muskeln bewegt wird. Zum einen durch die Mobilisatoren, die an der Körperoberfläche liegen und deren Aufgabe es ist, unsere Extremitäten – Arme und Beine – zu bewegen. Zum anderen durch die

JOSEPH HUBERTUS PILATES

Die Pilates-Methode ist benannt nach Joseph Hubertus Pilates (geboren 1880 in Mönchengladbach, gestorben 1967 in New York). Pilates war als Kind eher schwächlich und häufig krank. Um seine von Natur aus schwache Konstitution zu stärken, beschäftigte er sich schon als Jugendlicher mit so unterschiedlichen Sportarten wie Turnen, Fechten, Skilaufen, Boxen und Ringen sowie mit Tai-Chi und Yoga. Inspiriert von östlichen und westlichen Trainingsmethoden entwickelte er seine eigene Technik, die er – aufgrund der präzisen und kontrollierten Bewegungen, die seine Übungen charakterisieren –, *contrology* nannte.

Bereits im Ersten Weltkrieg, als Joseph Pilates als Soldat der deutschen Armee in britische Kriegsgefangenschaft geriet, trainierte er seine mit ihm internierten Kameraden nach der von ihm entwickelten Methode. Dazu montierte er Stahlfedern aus den Betten und brachte sie an den Wänden an. Dies war der erste Schritt bei der Entwicklung der speziellen Geräte, die auch heute noch mit Stahlfedern arbeiten.

1926 emigrierte Joseph Pilates nach Amerika. Auf der Überfahrt nach New York lernte er seine spätere Frau Clara kennen, mit der zusammen er im Haus des New York City Ballet sein Studio eröffnete. Dadurch intensivierte sich die von jeher enge Beziehung zwischen Pilates und Tanz. Berühmte Tänzer wie George Balanchine und Martha Graham trainierten bei ihm.

Pilates unterrichtete bis zu seinem Lebensende und starb 86-jährig in New York.

Die Muskeln in Balance bringen

Stabilisatoren, die näher beim Körpermittelpunkt liegen und deren Aufgabe es ist, den Rumpf stabil zu halten, während die Mobilisatoren die Extremitäten bewegen. Das optimale Funktionieren der Stabilisatoren garantiert, dass der Körper während einer Bewegung bestmöglich ausgerichtet ist und die Knochen dadurch reibungslos in den Gelenken bewegt werden können.

Die Muskeln, die am häufigsten vom Ungleichgewicht der Muskelbalance geschwächt werden, sind die tief liegenden Stabilisatoren. Sind sie zu schwach, können auch die Mobilisatoren nicht mehr optimal arbeiten, zudem versuchen diese dann oft ihrerseits, den Körper zu stabilisieren. So führen sie dauerhaft Bewegungen aus, für die sie nicht konstruiert sind. Die Muskeln sind in Kürze überarbeitet und verkrampfen, der Rumpf wird instabil und den Gelenken droht der Verschleiß durch Fehlbelastung. Kopfschmerzen durch Nackenverspannungen, Ischiasbeschwerden und Rückenprobleme sind typische Folgeerscheinungen eines aus dem Gleichgewicht geratenen Zusammenspiels der Muskeln.

Wie funktioniert das Pilates-Training?

Im Pilates versucht man, die natürliche Muskelbalance wiederherzustellen. Verkürzte Muskeln werden im Training gedehnt und die gegenüberliegenden geschwächten Muskeln gestärkt. Zunächst aber werden bei präzise ausgeführten Basisübungen die überaktiven Mobilisatoren ausgeschaltet. Dies ermöglicht es den Stabilisatoren, durch die größtmögliche Entspannung der umgebenden Muskulatur isoliert ihrer Aufgabe nachzukommen. Für einfache »Curl-ups« (S. 58) heißt das zum Beispiel: Während der Übung wird nicht nur der Oberkörper angehoben, sondern zeitgleich darauf geachtet, dass Oberschenkel, Po und Nacken entspannt sind und dem Bauch nicht »helfen«; so erreicht man speziell den tief liegenden Bauchmuskel.

Im weiteren Verlauf des Trainings wird darauf geachtet, dass sowohl der verkürzte als auch der überdehnte Muskel an Länge und Stärke gewinnen, da lange Muskeln ausdauernder und weniger verletzungsanfällig sind und den Gelenken die notwendige Bewegungsfreiheit ermöglichen. Lange und starke Muskeln agieren wie Marathonläufer, sie schützen den Körper während des ganzen Tages, während kurze, bullige Muskeln, wie sie bei Bodybuildern häufig zu sehen sind, zwar für kurze Zeit Hochleistung bringen können, aber auch schnell ermüden und dann äußerst verletzungsanfällig sind.

WAS IST PILATES?

Welchen Effekt hat Pilates?

Das aufbauende Workout strafft den Körper und macht insbesondere die weiblichen Problemzonen Bauch, Oberschenkel und Po geschmeidig und fest. Der Körper verbessert seine Kondition und verfügt über mehr Kraft und Belastbarkeit im Alltag. Die sehr bewusste Arbeit beim Workout verhindert, dass sich neue Verspannungen bilden. Sie schulen Ihre Körperwahrnehmung, stärken Ihre Koordinationsfähigkeit und verbessern Ihre Körperhaltung.

Verschiedene Richtungen – verschiedene Schwerpunkte

Joseph Pilates hielt seine Art zu unterrichten für eine höchst individuelle Sache, sowohl von Seiten des Lehrers als auch von Seiten des Schülers. Oft entwickelte er für einzelne Personen spezielle Übungen, variierte bestehende Übungen und schnitt sie so individuell auf eine bestimmte Person und deren körperliche Möglichkeiten zu. Dies mag mit ein Grund gewesen sein, warum Pilates nie ein Lehrertraining für Pilates-Ausbilder anbot. Er arbeitete jedoch eng mit unterschiedlichen Personen zusammen, die seine Technik nach seinem Tod weitergaben. So unterschiedlich wie deren Persönlichkeiten, so vielfältig sind die Richtungen, in die sich Pilates in den vergangenen Jahrzehnten entwickelt hat. Einige Trainer unterrichten noch heute die Pilates-Übungen genau so, wie sie Joseph Pilates entwickelt hat, nämlich körperlich sehr anspruchsvoll und nahezu akrobatisch. Andere Trainer verbinden die Originalübungen mit Aspekten aus dem Yoga. Wiederum eine andere Richtung versucht, den Bedingungen der Fitness-Studios gerecht zu werden, das heißt, die Übungen bewegen sich auf einem recht hohen sportlichen Niveau und werden in einer größeren Gruppe unterrichtet.
Die immer größere Nachfrage von Seiten der Rehabilitation und der Wunsch nach Stärkung der körperlichen Gesundheit führten dazu, dass so genannte Pre-Pilates-Übungen entwickelt wurden, die auf die komplexen Pilates-Übungen vorbereiten und so den Einstieg für jeden möglich machen. Pre-Pilates-Übungen helfen Ihnen, zunächst schonend und sanft die tief liegenden Muskeln des Körpers zu stärken, um dann Schritt für Schritt die Originalübung zu erarbeiten. Dieses Buch nennt Ihnen im Einsteigerkapitel eine Reihe von Pre-Pilates-Übungen, die Ihnen den Start leicht machen.

Die Muskeln in Balance bringen

Für wen eignet sich Pilates?

Pilates eignet sich für nahezu jeden, der sich und seinem Körper etwas Gutes tun möchte. Tänzer schätzen das Pilates-Training besonders, denn es bietet ihnen eine zusätzliche Möglichkeit der Stabilisierung und Zentrierung, das heißt, sie stärken mit Hilfe von Pilates ihre Fähigkeit, die Kraft für ihre Bewegungen aus dem Körperzentrum zu gewinnen (siehe Pilates-Prinzipien, S. 15 ff.). Sportler allgemein nutzen es gerne als Ergänzung für ihr Training.
Und wie steht's mit Ihnen? Üben Sie einen körperlich anstrengenden Beruf aus? Dann können Sie mit Pilates Verspannungen reduzieren und Entspannung finden. Sitzen Sie viel am Schreibtisch? Ausgleich für die sitzende Tätigkeit bieten Ihnen die Übungen genauso wie Entspannung für den Kopf. Pilates bietet sich auch in der Schwangerschaftsnachsorge an, zur Kräftigung im Alter und in Phasen, in denen Muskelaufbau und körperliche Stärkung gefragt sind, etwa nach Operationen, Verletzungen oder Erkrankungen. Vor allem aber eignet sich Pilates hervorragend zur Gesundheitsvorsorge. Denn wer will das nicht, seinen Körper auf den bestmöglichen Fitness-Stand bringen, Verspannungen beseitigen oder Fehlhaltungen korrigieren? Wenn Sie sich nicht sicher sind, ob Pilates für Sie das Richtige ist, dann besprechen Sie Ihren Wunsch, Pilates zu erlernen, doch einfach mit einem Pilates-Trainer und probieren Sie es aus! Sie werden begeistert sein!

› Mit Pilates rücken Sie unliebsamen Fettpölsterchen erfolgreich zu Leibe.

Grundlagen des modernen Pilates-Trainings

Haben Sie schon viele Stunden geschwitzt bei *der* Nonplusultra-Übung für einen flachen Bauch? Und das ohne den geringsten Erfolg? Ärgerlich. Aber das passiert (nicht nur Ihnen), wenn man sich nicht bewusst macht, wie man die Bewegungen ausführt. Mit Pilates wird das in Zukunft anders sein! Konzentrieren Sie sich während der Übung darauf, Ihren Körper auf das Genaueste zu beobachten. So können Sie feststellen, wie er arbeitet, an welchen Stellen er locker und entspannt, an welchen er verkrampft ist und welche Muskeln bei der Übung in Aktion sind. Unerwünschte Verspannungen haben von nun an keine Chance mehr und es wird Ihnen mit den verschiedenen Übungen gelingen, genau die Muskeln zu trainieren, die es nötig haben. So vermeiden Sie auch – ein weiteres Plus! – Verletzungen und Zerrungen, die schnell einmal entstehen, wenn die Bewegungen unbewusst, also rein mechanisch ausgeführt werden und man seinen Körper dadurch überfordert.

Die Pilates-Prinzipien

Die Pilates-Prinzipien, die Sie im Folgenden kennen lernen, bilden die Grundlage für ein effektives Training. Aber keine Sorge! Das, was Ihnen an dieser Stelle möglicherweise als ein riesiger Berg Theorie erscheint, wird Ihnen bald in Fleisch und Blut übergehen. Auf alle wichtigen Faktoren, die Sie während einer Übung besonders beachten sollten, werden Sie außerdem bei den einzelnen Übungserklärungen noch einmal hingewiesen. So geht das Kontrollieren der einzelnen Punkte während des Trainings für Sie ziemlich schnell in Routine über. Die Pilates-Prinzipien wurden von Joseph Pilates selbst aufgestellt, von den unterschiedlichen Organisationen übernommen, modifiziert und erweitert. Pilates selbst benennt in seinem Buch *Return to Life Through Contrology* Atmung, Kontrolle und Konzentration als die wichtigsten Aspekte seines Trainings. »Body Control Pilates«, die europaweit größte Pilates-Organisation in London, benennt heute die folgenden acht Prinzipien.

1. Entspannung

Am Anfang einer jeden Übung steht die Entspannung. Denn nur durch *Ent*-spannung gelangen Sie zum Ziel des Trainings: zu einem von *Ver*-spannungen befreiten, ausbalancierten Körper. Beobachten Sie sich einmal beim Kartoffelschälen oder bei der Arbeit am PC. Ist es wirklich nötig, dass Sie während der Arbeit die Schultern hochziehen? Natürlich nicht. Durch die bewusste Entspannung während der Pilates-Übungen vermitteln Sie Ihrem Körper ein neues Haltungs- und Bewegungsmuster und geben Ihrem Gehirn die Möglichkeit, Verspannungen auch in Nicht-Übungssituationen aufzuspüren und auszuschalten. An erster Stelle steht im Training die Entspannung auf mentaler Ebene. Verlangen Sie vor allem am Anfang nicht zu viel von sich! Seien Sie geduldig mit sich und lassen Sie sich Zeit, die Erfahrung Pilates zu machen!
Wichtig: Während der Übung meint Entspannung *nicht* totales Loslassen. Liegen Sie da wie ein »nasser Sack«, wird die Körperspannung unterbrochen und die Muskeln arbeiten nicht effektiv. »Entspannt« meint genau das richtige Maß an Anspannung für eine Übung. Führen Sie zum Beispiel die Übung »Knie heben« (S. 48) aus, brauchen Sie wesentlich weniger Spannung in Ihren Muskeln als während des »Double Leg Stretch« (S. 96).

2. Zentrierung

Die Arbeit aus dem Körpermittelpunkt heraus ist das A und O des Pilates-Trainings. »Powerhouse« nannte Joseph Pilates das Körperzentrum, also den Bereich zwischen Brustkorb und Becken, zu dem auch die umgebende und schützende Muskulatur zählt und dessen Achse die Wirbelsäule bildet. Dieser Bereich umfasst alle lebenswichtigen Organe, an ihm sind über die Schultern und das Becken Arme und Beine befestigt und er hält Sie aufrecht. Kräftige Muskeln im Bereich von Rücken und Bauch schützen Ihre Organe und Ihren Rücken und bringen Sie schmerzfrei durchs Leben. Deshalb zielen alle Pilates-Übungen auf die Schaffung eines starken Körperzentrums.

Die Muskulatur des Powerhouse besteht aus:

> dem tief liegenden, quer verlaufenden Bauchmuskel, der wie ein Korsett den Körper stabilisiert und die Organe schützt. Husten Sie einmal kräftig, dann spüren Sie den Muskel knapp oberhalb der Schambeinfuge.
> den schrägen Bauchmuskeln, deren Aufgabe es ist, den Oberkörper zur Seite zu drehen.
> den tief liegenden Rückenmuskeln, die zwischen den Längs- und Querfortsätzen der einzelnen Wirbel »gespannt« sind und die Lendenwirbelsäule stabilisieren. Sie arbeiten mit dem quer verlaufenden Bauchmuskel zusammen. In dieser Verknüpfung von Bauch- und Rückenmuskeln liegt der Grund dafür, dass Sie für eine stabile Wirbelsäule an erster Stelle Bauchübungen machen müssen.
> der Beckenbodenmuskulatur, die das Powerhouse nach unten abschließt und die Organe an ihrem Platz hält. Die Beckenbodenmuskulatur hilft Ihnen, Ihren Urinstrahl zu kontrollieren, und beschert Ihnen ein freudvolles Sexualleben, wenn sie gut trainiert ist.

Die Aktivierung des Powerhouse (S. 46 f.) steht vorbereitend am Beginn jeder Übung.

3. Atmung

Ein dritter wichtiger Schwerpunkt des Pilates-Trainings ist die Atmung. Die Atmung in den seitlichen Brustkorb (S. 44) wurde entwickelt, da die Atmung in den Bauch nicht zu vereinbaren ist mit der Aktivierung des Powerhouse.

DIE MUSKULATUR UNSERES KÖRPERS

Stabilisatoren (unten blau eingezeichnet) und **Mobilisatoren** (unten rot eingezeichnet) sorgen für eine aufrechte Haltung und halten unseren Körper beweglich. Werfen Sie mit Hilfe dieser Abbildungen einen Blick hinter die Kulissen, welche Muskeln beim Pilates speziell trainiert werden:

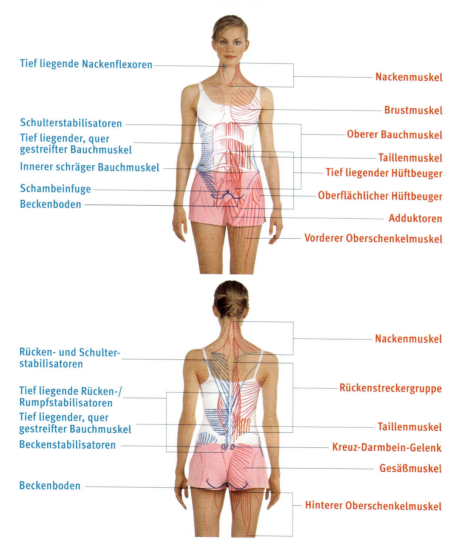

Klingt kompliziert? Dann machen Sie doch mal folgenden Test: Spannen Sie Ihren Bauch durch die Kraft Ihrer Muskeln fest an. Die Spannung gut halten. Und nun atmen Sie tief in den Bauch ein, ohne die Spannung loszulassen. – Funktioniert nicht? Kann es ja auch gar nicht. Deshalb wird durch die Brustkorbatmung Ihr Atem dahin gelenkt, wo Atmung wirklich stattfindet, nämlich ins Zwerchfell. Mittels der seitlichen Brustkorbatmung – ein echtes Pilates-Spezial! – ist gewährleistet, dass der Trainierende während der Übung entspannt atmen und trotzdem die Spannung des Powerhouse halten kann.

4. Ausrichtung

Stellen Sie sich einen Turm aus Bausteinen vor, bei dem einer der mittleren Steine leicht zur Seite geschoben ist. Wacklig, oder? Genauso verhält es sich mit unserem Körper und dem Zusammenspiel der ihn stabilisierenden Muskeln. Wo auch immer ein Körperteil dauerhaft aus dem Lot geraten ist, da ist der Körper instabil, verkrampft, überstrapaziert und dementsprechend verletzungsanfällig. Deshalb wird im Pilates großer Wert auf die korrekte Ausrichtung des Körpers während der Übung gelegt. So wird der Körper optimal trainiert und Sie lernen, Fehlhaltungen auch im Alltag wahrzunehmen und zu ändern und so Haltungsschäden zu vermeiden. Ein aufrechter Gang und ein entspannter und schmerzfreier Rücken geben Ihnen mehr Ausstrahlung und ein selbstbewussteres Auftreten als das teuerste Paar Schuhe oder die schickste Garderobe!

5. Konzentration

Die Konzentration ist der Aspekt, durch den sich Pilates maßgeblich von anderen Trainingsformen unterscheidet. Unter Konzentration verstand Joseph Pilates die bewusste Ausführung einer Bewegung sowie die mentale Kontrolle und Lenkung des Körpers während einer Übung. Das heißt für Sie: Konzentrieren Sie sich mit allen Sinnen auf das, was in Ihrem Körper vor sich geht. Korrigieren Sie Ihre Haltung, sobald Sie einen Fehler bemerken oder sich verspannen. Die Übungen präzise auszuführen ist nur die eine Seite der Medaille, ebenso wichtig sind im Pilates die Gedanken. Lassen Sie sie nicht abschweifen! Körper und Kopf müssen gleichsam Hand in Hand zusammenarbeiten. Nur so gelingt es Ihnen, die Übungen fehlerfrei auszuführen.

Die Pilates-Prinzipien

6. Bewegungsfluss

Beobachtet man Kinder beim Spielen, so kann man sehr gut feststellen, wie ausdauernd sie sind und wie viel Freude sie am Toben und Rennen haben. Wie wichtig Bewegung für das Lernen und für die Gehirntätigkeit ist, haben wissenschaftliche Studien unlängst bewiesen. Die meisten Erwachsenen könnten allerdings eine gute Dosis mehr an Bewegung gebrauchen. Deshalb sollen die Pilates-Übungen den Körper in dem Vorgang unterstützen, der ihm in seinem Ursprung der natürlichste ist: der Bewegung. Die Übungen werden ohne große Pausen und mit fließenden Bewegungen ausgeführt. Durch diese kontinuierliche Bewegungsabfolge arbeiten Knochen und Muskeln sehr effizient, der Energiefluss im Körper wird angeregt und Verletzungen, wie sie durch ruckartige Bewegungen entstehen können, werden vermieden.

Zwar können Sie beim Ausprobieren der Übungen feststellen, dass der Rhythmus der Übungen sehr unterschiedlich ist. Der »Open Leg Rocker« (S. 100 f.) beispielsweise ist eine sehr schwungvolle Übung, während das »Nacken strecken« (S. 62) eine eher langsame Übung ist. Eines jedoch haben alle Übungen gemeinsam: Man führt sie ruhig und entspannt aus. Denn: je ruhiger, desto präziser, desto effektiver und – schwieriger!

Unser Körper braucht Bewegung – nicht nur im Kindesalter.

7. Koordination

Pilates-Übungen verlangen die Koordination einer ganzen Reihe unterschiedlicher Elemente: Zur Ausführung einer Übung begeben Sie sich als Erstes in die korrekte Position (Ausrichtung), spüren Verspannungen auf (Entspannung) und schicken dann Ihre Aufmerksamkeit durch den

ganzen Körper (Konzentration). Sie aktivieren das Powerhouse (Atmung, Zentrierung) und führen die betreffende Bewegung ruhig aus (Bewegungsfluss). All diese Aspekte müssen miteinander in Einklang gebracht werden (Koordination).
Am Beispiel der Übung »Hüfte rollen« (S. 52) heißt das: Sie begeben sich in die Neutrale Position (S. 42 f.) und nehmen sich einen Moment Zeit, um Ihren Körper von oben nach unten nach Verspannungen zu durchforsten und gegebenenfalls Schultern, Arme oder Beine zu lockern. Danach atmen Sie entspannt in die unteren Rippen, aktivieren Ihr Powerhouse und führen dann Ihre Knie zur Seite. Während der Übung kontrollieren Sie: Sind meine Schultern noch locker, arbeitet mein Bauchmuskel noch mit, halte ich möglicherweise die Kiefer aufeinander gepresst? Sie halten die Spannung und kehren dann wieder in die Ausgangsposition zurück.
Die Koordinationsfähigkeit, also die Fähigkeit, die einzelnen Punkte im Auge zu behalten und gleichzeitig auch umzusetzen, verbessert sich mit der Häufigkeit, mit der Sie Ihre Übungen ausführen, und bedarf nach einer Weile keinerlei mentaler Anstrengung mehr.

8. Kondition

Mit Kondition ist bei Pilates nicht die Herz-Kreislauf-Ausdauer gemeint, wie sie etwa ein Hochleistungssportler trainiert, sondern die Ausdauer der stabilisierenden Muskulatur des Körpers.
Ziel des Pilates-Trainings ist es, die Muskeln so zu stärken, dass sie in der Lage sind, während des ganzen Tages mit einem mittleren Anspannungsgrad zu arbeiten, und so Ihren Körper stark und gesund durch den Alltag bringen. Wichtig: Diese Form der Muskelanspannung im Alltag geschieht bei einem intakten Muskelsystem automatisch und muss nicht durch bewusstes Anspannen initiiert werden! Ob Ihre Muskeln nach und nach mehr Kondition erlangen, merken Sie daran, dass Ihnen die Übungen immer leichter fallen – und das trotz steigendem Schwierigkeitsgrad! Für Ihren Alltag bedeutet es, dass Ihnen Arbeiten, die Sie früher sehr anstrengten, plötzlich keine oder wesentlich weniger Mühe machen. Für Ihren Körper bedeutet es, dass er nicht nur gesund, stark und gelenkig ist, sondern sich insgesamt strafft, sichtbar insbesondere an Bauch, Oberschenkeln und Po. Schöner Nebeneffekt, oder?

WANN BIETET SICH PILATES-TRAINING AN?

> **Ist Pilates ein Training, das meinen Körper wirklich rundum fit macht?**
>
> Durchaus! Pilates ist ein Training, das den Körper rundum mobilisiert und kräftigt. Bei einem ausgewogenen Pilates-Training findet jede einzelne Partie des Körpers Beachtung und wird ausgleichend bearbeitet, gedehnt und gestärkt. Dadurch fördert Pilates die Muskelausdauer, also die Fähigkeit der Muskeln, Sie aufrecht und gesund durch den Tag zu bringen. Pilates ist jedoch kein Ausdauersport, das heißt, es hat keine stärkende Wirkung auf das Herz-Kreislauf-System. Um Ihre Kondition in Schwung zu bringen, sollten Sie Ihr Training ergänzen um eine Ausdauersportart wie Joggen, Walken, Schwimmen, Fahrradfahren oder Inlineskaten.

> **Worauf muss ich achten, wenn ich mich als Neuling für ein Pilates-Training entscheide? Was ist für den Anfang besser, Einzeltraining oder Mattenklasse?**
>
> Achten Sie an allererster Stelle auf die Qualität des Unterrichts. Ob Sie sich für ein Einzeltraining oder eine Mattenklasse entscheiden, ist eine Frage Ihrer eigenen Vorlieben. Trainieren Sie gerne gemeinsam mit anderen, melden Sie sich für eine Mattenklasse an. Bevorzugen Sie das sehr intensive und individuelle Arbeiten, ist ein Einzeltraining für Sie das Richtige. Als Tipp für jeden Anfänger gilt: Gönnen Sie sich zum Testen zunächst eine Einzelstunde. So lernen Sie den Trainer kennen und dieser kann Ihren Körper und seine Eigenheiten beurteilen. Eine optimale Grundlage für den weiteren Unterricht!

> **Kann ich Pilates auch machen, obwohl ich stark übergewichtig bin?**
>
> Aber ja! Es spricht nichts dagegen. Durch die gezielte Arbeit an der Tiefenmuskulatur haben Sie die Möglichkeit, Ihren Körper unabhängig von Ihrer Körperfülle zu straffen. Die Stärkung der Stabilisatoren verschafft zudem den durch das Übergewicht oft sehr stark belasteten Gelenken Erleichterung und kann haltungs- und gewichtsbedingte Schmerzen reduzieren.

> **Kann ich neben Pilates noch andere Sportarten ausüben oder geraten die unterschiedlichen Disziplinen miteinander in Konflikt?**
>
> Pilates gerät keineswegs in Konflikt mit irgendeiner anderen Sport- oder Gymnastikart. Im Gegenteil! Pilates stellt für jedes andere Workout eine Bereicherung dar, da die Muskeln von innen nach außen optimal aufgebaut werden und Ihre intensiv geschulte Körperwahrnehmung Sie darin unterstützt, Ihren Körper beim Training zu beobachten. Dadurch erzielen Sie auch bei anderen Sportarten schneller sichtbare Trainingserfolge.

Pilates zu Hause

Probieren Sie Neues lieber erst einmal in Ruhe daheim aus? Kein Problem. Die Tipps auf den folgenden Seiten helfen Ihnen, sich Ihr optimales Workout für die eigenen vier Wände zusammenzustellen.

Lesen Sie sich zunächst die Hinweise zum richtigen Training (ab S. 23) sorgfältig durch und machen Sie dann Ihren persönlichen Körper-Check (S. 32–36). Mit Hilfe der dort gestellten Fragen und durch eine genaue Beobachtung Ihres Körpers werden Sie schnell feststellen, welche Muskeln verkürzt und überaktiv sind und welche Muskeln Stärkung vertragen könnten. Dadurch lernen Sie Ihren Körper kennen – mit all seinen Stärken, aber auch Schwächen. Im Praxisteil ab Seite 39 finden Sie eine große Auswahl an Übungen für jedes Schwierigkeitsniveau. Damit können Sie sich Pilates eigenständig, individuell und umfassend erarbeiten!

Lassen Sie sich Zeit, das Buch für sich zu erobern, seien Sie geduldig mit sich selbst und genießen Sie die wunderbaren und einzigartigen Übungen und die Effekte, die diese für Ihren Körper haben!

So trainieren Sie richtig

Bei der Zusammenstellung Ihres persönlichen Workouts ist es wichtig, dass es sowohl von der zeitlichen Länge als auch vom Schwierigkeitsgrad her optimal zu Ihnen passt, variabel ist und sich mit Ihrem körperlichen Fortschritt einhergehend vertiefen lässt. Ausprobieren heißt die Devise! Die unterschiedlichen Workouts im Serviceteil (ab S. 116) geben Ihnen eine Orientierungshilfe bei der Zusammenstellung Ihrer eigenen Übungssequenzen.

Was Sie beachten sollten

Bevor es losgeht, hier noch ein paar Tipps:

> **Folgen Sie genau dem Verlauf des Buches!**
Seite um Seite werden Ihnen, aufeinander aufbauend, alle Faktoren, die für das Pilates-Training wichtig sind, vorgestellt. Deshalb sollten Sie sich mit den Übungen des Buches der Reihe nach befassen. Beginnen Sie unbedingt mit den Basisübungen, um ein Gefühl für die Grundlagen zu bekommen!

> **Nehmen Sie sich für den Anfang nicht zu viel vor!**
Versuchen Sie, konzentriert an einer Übung zu arbeiten, bis Sie wirklich das Gefühl haben, die Übung mit dem Körper – also von ihrer Ausführung her – und mit dem Kopf verstanden zu haben. Erarbeiten Sie sich am Anfang pro Tag nur eine Übung, bis die Basics sitzen.

> **Halten Sie sich an die Angaben zu den Wiederholungen!**
Die Zahl der angegebenen Wiederholungen einer Übung sollten Sie unbedingt einhalten. Machen Sie nicht zu viel! Wenn Ihnen Ihr Körper sagt, dass es genug ist, Ihr Kopf aber meint, fünf Wiederholungen müssten noch drin sein, so vertrauen Sie bitte der Weisheit Ihres Körpers.

> **Machen Sie die Übungen langsam und aufmerksam!**
Lesen Sie sich die Anleitungen sorgfältig durch. Schließen Sie während der Übung zwischendurch die Augen und spüren Sie in sich hinein, wie sich Ihr Körper anfühlt. Prüfen Sie, ob sich bei Ihnen Fehler eingeschlichen haben.

> **Üben Sie mit möglichst wenig Kraftaufwand!**
Sie haben das Gefühl, nicht genug zu tun? Bravo! Richtig gemacht. – Sie finden die Übung anstrengend und verspannen sich? Dann machen Sie zu viel. Versuchen Sie dieselbe Übung mit minimaler Muskelanspannung. Besser?

Wann Sie nicht trainieren sollten

- **Erkältet?** Kranke Menschen gehören ins Bett und nicht auf die Isomatte. Wenn Sie merken, dass eine Erkältung im Anflug ist, schonen Sie sich lieber.
- **Gut gefuttert?** Gönnen Sie Ihrem Magen ein bis zwei Stunden Ruhe zur Verdauung.
- **Rückenschmerzen?** Lassen Sie von einem Arzt oder Physiotherapeuten vorher abklären, ob das Workout für Sie empfehlenswert ist oder nicht. Eine Rückfrage beim Arzt empfiehlt sich auch für alle diejenigen, die verletzt sind, Bandscheibenprobleme haben oder aus sonstigen Gründen in ärztlicher Behandlung sind.
- **Schwanger?** Obwohl Pilates ein sehr schonendes Workout ist, sollten Sie während der Schwangerschaft nur trainieren, wenn Sie vorher bereits Pilates-Erfahrung gesammelt haben und Ihr Training unter der professionellen Aufsicht eines Pilates-Trainers ausführen. Auch sollten Sie unbedingt vorher von Ihrem Gynäkologen ein Okay einholen. Und: Ab der 13. Schwangerschaftswoche sind Bauchübungen absolut tabu!
- **Alkohol getrunken oder Schmerzmittel genommen?** Falls Sie bei einem gemütlichen Abend mit Freunden Alkohol konsumiert haben oder unter dem Einfluss von Schmerzmitteln stehen, sollten Sie ein Training bleiben lassen, denn beides beeinträchtigt Ihr natürliches Schmerzempfinden.

TIPP

BEI FRAGEN ZUM PROFI

Sie haben sich dafür entschieden, alleine zu trainieren. Prima! Trotzdem sollten Sie nicht zögern, Rat einzuholen, wenn Sie Fragen haben oder Probleme auftreten. Gibt es irgendetwas im Training, was Ihnen ein Fragezeichen auf die Stirn treibt? Haben Sie Schmerzen oder stört Sie ein anderes körperliches Phänomen, das beim Üben immer wieder auftritt? Spüren Sie nach dem Training manchmal Verspannungen? Oder sind Sie sich bei manchen Übungen nicht sicher, ob die Bewegung wirklich richtig ist? Egal, wo der Schuh drückt – scheuen Sie sich nicht, einen Pilates-Trainer um Rat zu bitten. Am besten vereinbaren Sie einen Einzeltermin, damit ein Experte Sie ganz in Ruhe korrigieren kann. Adressen finden Sie im Anhang und über das Internet.

Was tun bei Schmerzen?

Hier gilt es zu differenzieren, denn Schmerzen sind nicht gleich Schmerzen. Spüren Sie in sich hinein: Was für einen Schmerz empfinden Sie?

> **Ist es ein Dehnungsschmerz?**
Tritt er auf, während Sie den Muskel in einer Stretchposition halten? Dann ist es ein positiver Schmerz, der entsteht, weil der Muskel sanft auseinander gezogen wird. Dadurch wird die Region rund um den verkürzten Muskel entspannt und der gegenüberliegende Muskel kann sich zusammenziehen. Versuchen Sie, während der Dehnung locker zu bleiben. Dehnen Sie den Muskel nur so weit, wie Sie die Dehnung gut aushalten können.

> **Ist es eine Verspannung?**
Fühlt sich der Muskel hart und krampfig an? Tritt der Schmerz möglicherweise an einer ganz anderen Stelle auf als dort, wo Sie gerade trainieren? Dann tun Sie des Guten zu viel. Schalten Sie einen Gang herunter und schicken Sie während der Übung Ihre Aufmerksamkeit auch einmal zur verspannten Partie, um diese so locker wie nur irgend möglich zu halten.

> **Ist es Muskelarbeit?**
Ja, richtig gelesen, auch die Arbeit von Muskeln, die Sie sonst weniger merken, kann schmerzhaft sein. Achten Sie darauf, ob der Schmerz in genau der Region auftritt, in der Sie trainieren. Ist er sofort wieder vorbei, sobald Sie die Übung beendet haben? Dann ist dies kein wirklicher Schmerz, sondern ein Muskel auf Hochtouren. Dieser »Schmerz« wird besser, wenn Sie mit weniger Muskelanspannung trainieren.

> **Ist der Schmerz heiß?**
Das heißt, fühlt er sich innerlich heiß an, so als würde er sich glühend durch Ihren Körper ziehen? Oder ist er stechend, wie bei einem entzündeten Zahn? Wenn dieser Schmerz anhält, auch nachdem Sie die Übung beendet haben, dann heißt es: Stopp! Denn solche Schmerzen deuten auf eine akute Verletzung hin. Beenden Sie Ihr Training sofort und suchen Sie einen Arzt oder anderen Therapeuten auf, damit dieser mit Ihnen die Ursache abklärt.

> Dehnen Sie nur so weit, dass sich die Muskeln nicht verspannen.

> Abschalten von der Hektik des Alltags: Sorgen Sie für die nötige innere Ausgeglichenheit und stimmen Sie sich mit einer ruhigen Entspannungsmusik auf Ihr Workout ein!

Übungsvorbereitung

Am meisten werden Sie Ihr Workout genießen können, wenn Sie sich vorher gut darauf vorbereitet haben. Schenken Sie also den folgenden Punkten ein paar Minuten Beachtung, um dann unbeschwert Ihr Training zu starten.

Die richtige Zeit

Es gibt keine Richtlinien, zu welcher Tageszeit Sie Pilates machen sollten. Legen Sie am besten dann los, wenn Sie am meisten Energie haben. Egal, wann Sie trainieren: Nehmen Sie sich vor allen Dingen Zeit und sorgen Sie für Ruhe um sich herum. Schalten Sie Ihr Telefon aus, stellen Sie die Uhr in einen anderen Raum, machen Sie sich eine schöne, ruhige Musik an. Tun Sie all die Dinge, die Ihnen helfen, ganz locker an Ihr Workout zu gehen.

Für den Anfang empfahl Joseph Pilates zehn Minuten pro Tag. Ihm war ein regelmäßiges Training wichtig, denn so bekommt man das richtige Gefühl für die Übungen und der Körper wird geschmeidig und stark. Diese zehn Minuten

So trainieren Sie richtig

pro Tag, die man nach Wunsch natürlich noch steigern kann, sind eine Idealvorstellung und eine Empfehlung des Begründers selbst. Das bedeutet aber nicht, dass Sie Pilates nicht auch in einem anderen zeitlichen Rahmen üben können. Überlegen Sie, wie viel Zeit Sie pro Woche für Ihr Training verwenden können und möchten. Gönnen Sie sich beispielsweise die zehn Minuten täglich als Möglichkeit, zur Ruhe zu kommen, Ihren Körper am Morgen auf den Tag vorzubereiten oder um abends den Alltag hinter sich zu lassen. Ideal für ein ausführliches Training sind zwei- bis dreimal pro Woche etwa 45 bis 60 Minuten. Es macht jedoch wenig Sinn, sich ein solches Workout vorzunehmen, wenn man es partout nicht in seinem Tagesablauf unterzubringen vermag. Dann sollten Sie lieber dreimal pro Woche zehn Minuten oder zweimal pro Woche eine halbe Stunde üben, als aus Zeitmangel gar nicht erst anzufangen. Erlaubt ist alles, was Ihnen gut tut, in Ihren täglichen bzw. wöchentlichen Stundenplan passt und Sie nicht mit einem schlechten Gewissen zurücklässt, wenn Sie Ihr Pensum mal nicht bewältigen. Seien Sie realistisch bei Ihren Vorsätzen!

Der ideale Raum
Schaffen Sie sich Platz für Ihr Workout; so können Sie sich während des Trainings vollkommen auf die Übungen konzentrieren.
Wichtig ist die richtige Raumtemperatur, damit Sie sich entspannen können und Ihre Muskeln sich in einem angenehm warmen Tonus befinden. Die ersten Übungen in diesem Buch werden für Sie körperlich nicht sehr anstrengend sein. Gefordert sind hierbei eher Präzision und Konzentration. Schweiß wird daher erstmal nicht fließen, eher könnte es sein, dass Ihre Körpertemperatur durch die Entspannung sinkt und Sie zu frieren beginnen. Stellen Sie deshalb ruhig Ihre Heizung etwas höher und genießen Sie die Kuscheltemperatur!

Die passende Kleidung
Die Kleidung sollte Ihnen uneingeschränkten Bewegungsfreiraum bieten und recht schmal geschnitten sein, damit Sie Ihren Körper gut beobachten können, wenn Sie einen Spiegel zur Kontrolle in der Nähe haben. Wählen Sie bequeme und weiche Kleidung im »Zwiebellook«, damit Sie gegebenenfalls etwas ausziehen können, falls Ihnen zu heiß wird, bzw. damit Sie bei den sanfteren Übungen nicht frieren. Zu einer schmal geschnittenen, weichen Gymnastikhose passt ein Top und darüber ein Langarmshirt. Falls Sie schnell frieren, ziehen Sie noch

eine Fleeceweste über. So bleiben Ihre Muskeln warm und geschmeidig. Warme Socken komplettieren Ihr Outfit, Sie können das Workout aber genauso gut barfuß ausführen. Turnschuhe brauchen Sie nicht.

Die nötigen Utensilien
Für Ihr eigenes Home-Pilates-Studio sind keine besonders kostspieligen Anschaffungen nötig. Alles, was Sie brauchen, sind
- eine Decke oder Isomatte als Unterlage
- ein kleines und ein großes Handtuch
- ein Tennisball und ein Flexband (oder ein Schal)
- ein Hocker oder Stuhl mit harter, ebener Sitzfläche
- ein großer Spiegel zur Kontrolle. Er leistet Ihnen bei manchen Übungen gute Dienste, ist aber nicht unbedingt erforderlich.

So stellen Sie sich Ihr optimales Training zusammen

Jedes Pilates-Training sollte ausgewogen und ausgleichend sein, das heißt, es sollte sowohl stärkende als auch dehnende Elemente enthalten. Darum Achtung! Man neigt bei einem Training, das man ohne Betreuung zu Hause durchführt, dazu, vor allem diejenigen Übungen zu machen, die einem besonders leicht fallen und so auch mehr Spaß machen. Das sind aber oft Übungen, die die ohnehin dominanten und überaktiven Muskelgruppen ansprechen. Deshalb: Sagen Sie der Bequemlichkeit den Kampf an und überwinden Sie Ihren inneren Schweinehund! Trauen Sie sich, wenn Sie ein Gefühl für die Übungen bekommen haben, auch an die Positionen und Bewegungen heran, die Ihnen schwer fallen. Lesen Sie sich die Übungsanweisungen genau durch, versuchen Sie, die Übung möglichst ordentlich und präzise auszuführen, und sehen Sie sie als Herausforderung!
Für das Training mit diesem Buch sollten Sie wissen, dass jeder einzelne Übungsblock – Einsteiger, Mittelstufe, Fortgeschrittene – separat ausgeführt werden kann. Die im Einsteigerblock befindlichen Dehnungsübungen sollten Sie entsprechend Ihren körperlichen Bedürfnissen (siehe Körper-Check, S. 32–36) ausführen und den stärkenden Übungen der Blöcke 2 und 3 voranstellen.
Neugierig geworden? Dann holen Sie sich doch etwas zu schreiben und stellen Sie sich mit den Tipps im nächsten Kapitel Ihren persönlichen Trainingsplan zusammen.

PILATES IM STUDIO

Wenn Sie sich dafür entscheiden, an einem Pilates-Kurs teilzunehmen, werden Sie auf sehr unterschiedliche Konzepte von Pilates stoßen. Nehmen Sie sich Zeit, das Angebot zu testen und Ihren künftigen Trainer zu »beschnuppern«. Das ist wichtig, denn der Effekt von Pilates resultiert aus den vielen unterstützenden Korrekturen, die Sie während des Unterrichts bekommen. Das geht nicht ohne Körperkontakt. Ihr Trainer wird Sie immer wieder berühren, um Ihnen bestimmte Positionen zu zeigen. Da ist es mehr als notwendig, dass diese Person Ihnen auch sympathisch ist.

Generell gibt es zwei Möglichkeiten für ein Studio-Training:

> **Sie können an einer Mattenklasse teilnehmen.**
> Die Mattenklassen finden in Kleingruppen statt und Sie erlernen hier die Mattenübungen, wie sie Joseph Pilates selbst entwickelt hat, aber auch Varianten, wie sie in diesem Buch zu finden sind. Manchmal ergänzen Kleingeräte, wie Bälle, Flexbänder oder Rollen, das Bodentraining.

> **Sie können an den Pilates-Geräten trainieren.**
> Im Gerätetraining wird an den von Joseph Pilates selbst entwickelten Geräten gearbeitet. Diese Geräte tragen so ungewöhnliche Namen wie »Trapez-Tisch«, »Reformer« oder »Chair« und funktionieren durch den Zug bzw. mit Hilfe des Gewichtes von Stahlfedern. Mit ihnen lässt sich das Training eines jeden Pilates-Schülers ganz individuell gestalten.
> Durch den Einsatz der Pilates-Geräte kann man einerseits den Körper bewusst herausfordern und eine Übung erschweren. Andererseits ermöglichen es die Geräte, den Körper an seinen Schwachstellen zu unterstützen, beispielsweise indem der Körper mit Hilfe eines Pilates-Gerätes eine Position einnimmt und Bewegungen ausführt, die ihm durch eigene Muskelkraft nicht möglich wären. Der entscheidende Unterschied zwischen beiden Formen des Trainings ist die noch effizientere Betreuung und der spezifische Zuschnitt des Geräte-Workouts auf Ihre individuellen Bedürfnisse, da es als Einzeltraining stattfindet.

PRAXIS

Ihr persönliches Trainingsprogramm

Sind Sie auf der Suche nach einem Workout, das zu hundert Prozent Ihren Bedürfnissen entspricht? Dann machen Sie den Körper-Check in diesem Kapitel und analysieren Sie sich vor dem Spiegel von Kopf bis Fuß – aber bitte ganz objektiv! Die Antworten helfen Ihnen, Ihr Workout nach Ihren persönlichen Bedürfnissen zusammenzustellen. Egal, ob entspannend oder schweißtreibend, sanft oder herausfordernd: Mit Pilates ist alles möglich.

Machen Sie den Körper-Check!

Auf den folgenden Seiten erwarten Sie eine Reihe von Fragen. Nehmen Sie sich bitte ein wenig Zeit, um sie zu beantworten. So bekommen Sie eine Idee davon, in welcher Verfassung sich Ihr Körper befindet, wo Ihre Stärken liegen und wo Ihre Schwächen. Im Anschluss an jede Frage finden Sie Übungsempfehlungen für die Zusammenstellung Ihres persönlichen Workouts. Am besten tragen Sie die Übungen in Ihren Trainingsplan (S. 37) unter dem jeweiligen Schwerpunkt ein – und schon steht Ihr individuelles Pilates-Training!

Einige Übungen gehören allerdings für jeden zum Pflichtprogramm, denn diese Pilates-Basics eignen sich wunderbar, um den Körper optimal auf die jeweils folgenden Übungen vorzubereiten. Deshalb sind diese »Pflichtübungen« in dem Trainingsplan bereits eingetragen. Natürlich dürfen Sie in Ihr Workout auch Übungen aufnehmen, die Sie Ihrem persönlichen Ziel näher bringen, etwa Ihrem Wunsch nach mehr Beweglichkeit oder nach mehr Muskelkraft im Bauch oder einer strafferen Taille oder, oder … Blättern Sie das Buch in Ruhe durch und wählen Sie diejenigen Übungen aus, die Sie besonders ansprechen. Falls das Pilates-Training für Sie neu ist, beginnen Sie Ihr Training bitte unbedingt mit den Einsteigerübungen! Haben Sie bereits erste Pilates-Erfahrungen gesammelt, können Sie sich auch schon an die Übungen der Mittelstufe heranwagen.

Bevor Sie das Training starten, sollten Sie sich aber auch mit allen anderen Übungen vertraut machen, die Ihrem Leistungsstand entsprechen. »Probieren Sie sie an!« Spüren Sie sich in die Übungen hinein! Welche empfinden Sie als besonders effektiv, welche als besonders angenehm, welche als besonders schwierig? Kommen Sie schon ins Schwitzen? Dann schalten Sie einen Gang zurück. Arbeiten Sie zunächst mit den Übungen, die Ihnen leichter fallen, und tasten Sie sich nach und nach an die schwierigeren Exercises heran!

Welcher Typ sind Sie?

Beachten Sie bei der Zusammenstellung des Workouts bitte die Frage 8 nach Ihrer Beweglichkeit! Sind Sie ein sehr beweglicher Typ? Dann ergänzen Sie Ihr Training um stabilisierende Elemente! Falls Sie ein kräftiger Typ sind, fügen Sie mehr Dehnungen und Mobilisationen hinzu. Auf diese Weise erlangen sehr bewegliche Menschen mehr Muskelkraft, die ihre Beweglichkeit stabilisiert und dadurch die Gelenke schont. Muskulär starke Personen gewinnen mehr Flexibilität, die verhindert, dass ihre Muskelkraft den Körper zu starr werden lässt.

Alles beachtet? Dann kann es losgehen! Das komplette Workout ergibt ein Training von etwa 45 Minuten Länge.

Und so geht's

Stellen Sich sich für den Körper-Check aufrecht vor einen Spiegel. Betrachten Sie Ihren Körper aufmerksam, checken Sie ihn anhand der Fragen von oben bis unten durch. Versuchen Sie, ihn objektiv zu sehen und nicht durch eine filternde Brille, die den Blick immer wieder an dieselben Stellen gleiten lässt, zu den strammen Oberschenkeln etwa oder zu den weichen Oberarmen. Nehmen Sie für den Check Ihre ganz normale Körperhaltung ein. Natürlich neigt jeder und jede von uns dazu, sich extra gerade hinzustellen. Aber ein korrektes Ergebnis erhalten Sie nur dann, wenn Sie sich einfach so hinstellen, wie Sie wirklich sind.

1. Kopf

? Sitzt Ihr Kopf mittig auf den Schultern oder eher »vor« den Schultern?

> Vor den Schultern: Sie brauchen Dehnung für Brust und Nacken (S. 49, 66) und Stärkung für die Schulterstabilisatoren (S. 50 f., 60 f., 62).

MACHEN SIE DEN KÖRPER-CHECK!

? Halten Sie Ihren Kopf gerade oder ist er leicht zu einer Seite geneigt?
> Zu einer Seite geneigt: Führen Sie auf der Seite, zu der Ihr Kopf sich neigt, die Nackendehnung (S. 66) doppelt aus.

2. Nacken und Schultern

? Beschreiben Ihre Schultern und Schlüsselbeine eine sanfte horizontale Linie nach außen oder zieht sich die Linie deutlich nach oben?
> Eine deutliche Linie nach oben: Sie benötigen Dehnung für den Nacken (S. 66) und Stärkung für die Schulterstabilisatoren (S. 50, 60 f., 62).

? Wenn Sie sich seitlich im Spiegel betrachten, befinden sich Ihre Schultern dann mittig an der Seite Ihres Rumpfes oder sind sie nach vorn gerundet?

> Runde Schultern: Dehnen Sie den Brustkorb (S. 49) und stärken Sie Ihre Schulterstabilisatoren (S. 50, 60 f., 62).

3. Wirbelsäule

? Betrachten Sie von der Seite Ihre Brustwirbelsäule, also den Bereich der Wirbelsäule zwischen und leicht unter den Schulterblättern: Ist Ihre Brustwirbelsäule flach oder eher nach hinten gerundet?
> Flache Brustwirbelsäule: Ihnen tut eine Dehnung für den hinteren Brustkorb (S. 51) gut, außerdem brauchen Sie Stärkung für Rippen und Bauch (S. 58 f.).
> Runde Brustwirbelsäule: Sie benötigen Dehnung für den vorderen Brustkorb (S. 49) und Stärkung für die Schulterstabilisatoren (S. 50, 60 f., 62).

? Ist Ihre Lendenwirbelsäule – das ist der Teil der Wirbelsäule zwischen Rippen und Becken – flach oder hohl?
> Flache Lendenwirbelsäule: Eine Dehnung für Ihre hinteren Oberschenkel (S. 54 f.) und Stärkung für Rückenstrecker (S. 76 f., 78) und Hüftbeuger (S. 48, 106 f.) halten Ihre Wirbelsäule beweglich und kräftigen sie an den richtigen Stellen.
> Hohle Lendenwirbelsäule und starke Muskeln in diesem Bereich: Dehnung für den Hüftbeuger (S. 56) und Stärkung für Ihren Bauch (S. 46 f., 58 f.) mobilisieren und stabilisieren Ihre Wirbelsäule.

TIPP

FLACHE ODER HOHLE LENDENWIRBELSÄULE?

Um die Form der Lendenwirbelsäule zu beurteilen, legen Sie Ihre Handflächen auf die Lendenwirbelpartie rechts und links der Wirbelsäule. Dort finden Sie die Rückenstrecker. Spüren Sie diese Muskeln kaum? Dann ist Ihre Lendenwirbelsäule eher flach. Sind die Muskeln so stark, dass sich zwischen ihnen eine Kuhle bildet, ist Ihre Lendenwirbelsäule eher hohl.

GIBT ES DIE IDEALE WIRBELSÄULE?

Jede Wirbelsäule hat Kurven: im Bereich der Halswirbelsäule und der Lendenwirbelsäule nach vorne (Lordose) und im Bereich der Brustwirbelsäule und des Kreuzbeins nach hinten (Kyphose). Diese Kurven sind bei manchen Menschen flacher, bei anderen stärker ausgeprägt. Darüber hinaus zeigt jede Wirbelsäule mehr oder weniger große Abweichungen zur Seite (Skoliose). Diese werden erst dann ein Problem, wenn die Wirbelsäule ihre Beweglichkeit oder ihre Stabilität verliert und so der Körper ins Ungleichgewicht gezogen und fehlbelastet wird. Deshalb ist es wichtig, die Beweglichkeit der Wirbelsäule zu erhalten und sie zu stabilisieren.

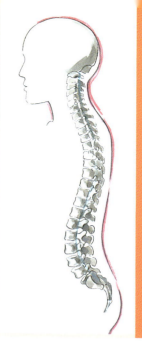

INFO

? Führen Sie bitte die Übung »Das Rad« (S. 67) aus. Wie fühlt sich die Wirbelsäule während der Rollbewegung an? Rollt sie flüssig wie ein Rad herunter oder haben Sie das Gefühl, dass sich mehrere Wirbel gemeinsam bewegen?
> Stockendes Abrollen bedeutet, dass ein oder mehrere Wirbel durch überaktive Muskelstränge zusammengehalten und an der Bewegung gehindert werden: Die Dehnung für Hüftbeuger (S. 56) und Rückenstrecker (S. 57) schafft Abhilfe.

4. Rücken

? Haben Sie Rückenschmerzen?
Sind diese Schmerzen muskulär bedingt, wie bei Verspannungen im Nacken, so helfen Ihnen die folgenden Übungen. Ist eine Veränderung der Knochen und Gelenke die Ursache (Arthrose, Bandscheibenvorfall etc.), können die Übungen dazu beitragen, die schmerzende Partie zu entlasten.
> Bei Rückenschmerzen im Bereich von Nacken und Halswirbelsäule hilft Ihnen die Dehnung für Brust und Nacken (S. 49, 50, 51, 66) sowie die Stärkung der Schulterstabilisatoren (S. 60 f., 62).
> Bei Problemen im Bereich der Brustwirbelsäule tun Ihnen Dehnung (S. 49 f.) und Mobilisierung (S. 51, 58, 62 oder 78, später S. 99) gut.
> Schmerzt Sie der Bereich der Lendenwirbelsäule, sollten Sie es mit Dehnung des Rückenstreckers oder des Hüftbeugers (S. 56, 57, 66), mit Stabilisierung durch Kräftigung des Powerhouse (S. 46–48, 58) und mit Mobilisierung der Wirbelsäule (S. 52 f.) versuchen.

5. Bauch

? Ist Ihr Bauch weich und rund oder eher flach und straff? Treten bei Bauchübungen Spannungen im Hals- und Nackenbereich auf?

> Spüren Sie bei Bauchübungen Spannungen in Hals und Nacken und/oder haben Sie einen weichen, runden Bauch, so sind Ihre tief liegenden Bauchmuskeln ein bisschen schlapp. Sie brauchen sanfte Stärkung (S. 46 f., 58, 59, 71).

6. Becken

? Wenn Sie sich seitlich im Spiegel betrachten, befindet sich Ihr Becken dann in Verlängerung der Wirbelsäule oder halten Sie es leicht nach vorn geschoben?

> Nach vorn geschoben: Dehnen Sie die hinteren Oberschenkel (S. 54 f.) und stärken Sie den Bauch (S. 46 f., 58, 59) und die Hüftbeuger (S. 48, 106 f.).

? Haben Sie Ischiasbeschwerden?

> Falls ja, bringen Dehnung und Stärkung des Gesäßes (S. 64, 65) Linderung.

7. Beine, Knie und Füße

? Wenn Sie sich aufrecht hinstellen – die Füße stehen nebeneinander, die Knie sind geschlossen und gestreckt – und Ihren Oberkörper nach unten beugen, berühren Ihre Hände dann den Boden?

> Kein Bodenkontakt: Dehnen Sie die hinteren Oberschenkel (S. 54 f.).

? Wie halten Sie Ihre Beine?

> Sind Ihre Knie nach hinten überstreckt, so brauchen Sie ebenfalls Dehnung für die hinteren Oberschenkel (S. 54 f.) und Kräftigung für den Hüftbeuger (S. 48, 74, 106 f.).

? Zeigen Ihre Knie gerade nach vorne oder eher zueinander?

> Falls sie zueinander schauen: Dehnen Sie Hüftbeuger, Gesäß und Adduktoren (S. 56, 57, 65) und stärken Sie das Gesäß (S. 65, 76 f., 79).

8. Beweglichkeit

? Wenn Sie sich in den Vierfüßlerstand begeben und Ihre Finger geradeaus schauen lassen, wohin zeigen dann Ihre Armbeugen?

> Schauen Ihre Armbeugen nach vorne, sind Sie wahrscheinlich ein eher beweglicher Typ. Sie sollten in Ihr Training verstärkt stabilisierende Übungen integrieren. Achten Sie auf eine saubere Ausrichtung während der Dehnungen.

> Sind Ihre Armbeugen nach innen gerichtet, schauen sie also zueinander, gehören Sie wohl eher zum muskulösstarken Typ Mensch. Integrieren Sie in Ihr Training viele Dehnungen und Übungen zur Mobilisierung der Wirbelsäule.

MEIN TRAININGSPLAN

Kopieren Sie sich diese Vorlage (am besten gleich mehrfach) und füllen Sie sie auf der Kopie aus. So können Sie sich das Trainingsprogramm immer wieder neu zusammenstellen und haben Ihr Konzept beim Blättern im Buch gleich zur Hand. Tragen Sie in die leeren Felder die für Sie geeigneten Übungen aus dem Körper-Check ein. Beginnen Sie als Anfänger auf jeden Fall mit Übungen des Einsteigerkapitels, auch wenn im Körper-Check schwierigere Übungen angegeben sind. Sie müssen nicht in alle freien Zeilen Übungen eintragen, auch ist es nicht nötig, bei jedem Training alle vorgeschlagenen Übungen eines Blocks auszuführen. Ihr ausgewogenes Pilates-Training sollte folgende Elemente beinhalten:

Warm-up – Basisstabilisierung
Powerhouse-Aktivierung .... S. 46 f.

Dehnungen für Rückenstrecker, Hüftbeuger, Hintere Oberschenkel, Adduktoren, Gesäß
Dehnung hintere Oberschenkel ...... S. 54 f.
....
....
....

Kräftigung der Beckenstabilisatoren und tief liegenden Hüftbeuger
Knie heben .... S. 48
....
....

Dehnungen für Nacken, Schultern und Brustkorb
Dehnung Nacken .... S. 66
Arme öffnen .... S. 49
Schulter fallen lassen .... S. 51

Kräftigung der Schulterstabilisatoren
Armführung .... S. 50 f.
Schulterstabilisierung .... S. 60 f.
....
....

Kräftigung für das Powerhouse
Curl-ups .... S. 58
Seitliche Curl-ups .... S. 59
....
....
....

Kräftigung für die tief liegenden Rückenstabilisatoren und Rückenstrecker
Nacken strecken .... S. 62
....
....
....

Das Päckchen .... S. 77

Mobilisierung der Wirbelsäule
Wirbelsäule aufrollen .... S. 52 f.
Hüfte rollen .... S. 52
....
....

Cool-down
Das Rad .... S. 67
Kreidekreise .... S. 69

PRAXIS

Das
Workout

Haben Sie alle nötigen Trainingsvorbereitungen getroffen? Dann stürzen Sie sich ins Pilates-Vergnügen! Machen Sie sich mit den Übungen der folgenden Seiten auf den Weg: Formen und trainieren Sie Ihren Körper, dehnen, stärken und straffen Sie ihn. Lernen Sie seine Fähigkeiten, seine Grenzen, seine Bedürfnisse und seine Vorlieben kennen. Und wie er aussehen kann, wenn er in Topform ist!

Einsteiger – stabil und beweglich von Anfang an

In diesem Kapitel werden Sie mit Pilates-Übungen bekannt gemacht, die auf den ersten Blick sehr simpel wirken, scheinbar leicht sind und doch von großer Wichtigkeit für die Muskelbalance. Übrigens sind diese, wie Sie beim Üben feststellen werden, gar nicht so einfach, wie sie aussehen.

Auch wenn Sie schon Erfahrungen im Pilates gemacht haben, sollten Sie diese Übungen, insbesondere die Pilates-Basics (S. 42–47), unbedingt machen, um die tief liegenden Muskeln Ihres Körpers zu kräftigen. Ideal sind ein paar Einsteigerübungen auch als Warm-up vor den schwierigeren Übungen der späteren Kapitel. Die sanften Dehnungen helfen Ihnen außerdem herauszufinden, an welcher Stelle Ihres Körpers ein Muskel überarbeitet und verkürzt ist.

Sanfte Vorbereitung: Pre-Pilates-Übungen

Die Übungen dieses Kapitels sind ausschließlich so genannte Pre-Pilates-Übungen. Diese wurden eigentlich entwickelt, um den Körper auf eine möglichst sanfte und schonende Art auf die zum Teil sehr komplexen und körperlich

Sanfte Vorbereitung: Pre-Pilates-Übungen

PRAXIS

anspruchsvollen Originalübungen vorzubereiten. Der positive Nebeneffekt ist der, dass der Körper von innen nach außen stabilisiert und von Verspannungen und Haltungsschmerzen befreit wird. Wie das funktioniert? Das lässt sich mit Hilfe eines Bildes veranschaulichen.

Unser Körper – ein Baum

Stellen Sie sich einen Baum vor. Dieser Baum ist groß und alt, mit weit ausladenden Ästen und schwerem Blattwerk. Hätte dieser Baum keine stabilen Wurzeln, würde der kleinste Windhauch ihn umwerfen. Genauso verhält es sich mit unserem Körper. Die tief liegenden Muskeln unseres Powerhouse stabilisieren den Körper und sorgen dafür, dass die oberflächlicheren Muskeln den Körper ungehindert bewegen können. Die Stabilisatoren sind sozusagen die Wurzeln Ihres Körpers, ihr optimaler, kräftiger Zustand unerlässlich für Sie als gesunden Menschen.

Die Pre-Pilates-Übungen eignen sich hervorragend, um die Stabilisatoren zu stimulieren und zu kräftigen, da die Bewegungen so minimal sind, dass die oberflächlicheren Muskeln ausgeschaltet bleiben können. Um bei dem Beispiel des Baums zu bleiben: Die Äste können sich wunderbar im Wind bewegen, wenn starke Wurzeln den Baum halten.

Hier liegt die wahre Herausforderung der Pre-Pilates-Übungen: Es ist nicht schwierig, das Knie zu heben (S. 48), aber es kann sehr wohl schwierig sein, das Knie aus dem Powerhouse heraus zu heben, das heißt mit einem flachen Bauch, einem aktivierten Beckenboden und einem stabilen Becken, das sich während des Hebens überhaupt nicht bewegt.

Da unser »Körper Baum« neben starken Wurzeln auch eine Menge Flexibilität benötigt, um sich im Wind zu wiegen, werden die Pre-Pilates-Übungen ergänzt durch eine Reihe von Dehnungen, die die Beweglichkeit Ihres Körpers optimieren.

DEUTSCH ODER ENGLISCH?

Sie werden in diesem Buch sowohl auf Übungen mit deutschem Namen wie auch auf Übungen mit englischem Namen stoßen. Bei den Übungen mit deutschem Namen handelt es sich um so genannte Pre-Pilates-Übungen. Diese Übungen bereiten Sie auf die Originalübungen von Joseph Pilates vor. Die Übungen mit englischem Titel wurden von Joseph Pilates selbst entwickelt. Ihre Namen wurden bewusst nicht ins Deutsche übertragen, da die Übersetzungen oft nicht mit der englischen Originalbezeichnung übereinstimmen. Durch die verschiedensprachigen Titel können Sie leicht unterscheiden, welche Übung eine vorbereitende und welche eine Originalübung ist.

INFO

Basisstabilisierung – Pilates-Basics

Die Pilates-Basics auf dieser und den folgenden Seiten sind Übungen, die sehr sanft wirken und Sie mit einigen sehr wichtigen Faktoren des Pilates-Trainings bekannt machen: mit der Neutralen Position, der Atmung in den seitlichen Brustkorb, der Beckenboden- und der Powerhouse-Aktivierung. Diese Pilates-Basics werden vor jeder einzelnen Übung als Vorbereitung ausgeführt.

Neutrale Position

Die Neutrale Position des Beckens ist die Basis des Pilates-Trainings. Sie ist die Ausgangsposition für zahlreiche Pilates-Übungen. Die Neutrale Position entspannt die Wirbelsäule und stärkt ihre natürlichen Kurven.

> Begeben Sie sich in die Rückenlage. Unter Ihrem Kopf liegt ein gefaltetes Handtuch. Die Beine sind mit hüftbreitem Abstand aufgestellt, die Kniegelenke bilden einen rechten Winkel. Ihre Arme ruhen lang ausgestreckt neben Ihnen.
> Probieren Sie in einem angenehmen Tempo die verschiedenen Positionen:
> Rollen Sie das Becken in den Boden, bis die Lendenwirbelsäule auf dem Boden liegt und das Becken leicht abhebt. **1**
> Kippen Sie dann das Becken, bis in der Lendenwirbelsäule ein Hohlkreuz entsteht. **2**

Basisstabilisierung – Pilates-Basics

PRAXIS

- Platzieren Sie nun Ihre Hände auf Höhe der Taille unter Ihrer Lendenwirbelsäule und lassen Sie Ihren Rücken sanft auf Ihre Hände sinken, ganz so als wollten Sie die Hände wärmen, aber nicht drücken.
- Legen Sie Ihre Arme anschließend wieder neben dem Körper ab. Dies ist Ihre korrekte Neutrale Position. **3**
- Gönnen Sie sich ein paar entspannte Atemzüge in der Neutralen Position.
- Um die Beine von Verspannungen zu befreien, schütteln Sie ein paar Mal Ihre Knie. Füße und Schultern verschmelzen mit dem Boden.

Wichtig: Falls Spannungen im Schulter- oder Lendenwirbelbereich auftreten, lassen Sie den Kopf langsam und sanft von einer Seite zur anderen rollen. Versuchen Sie, die Bewegung mit weniger Körperspannung auszuführen!

> **Variante:** Wenn Sie die Neutrale Position beherrschen, können Sie sie zusammen mit den Übungen »Knie heben« oder »Kleine Kniekreise« (S. 48) ausführen.

TIPP

RELAX!

Diese Position eignet sich ideal zum Entspannen. Probieren Sie sie doch einmal nach einem anstrengenden Arbeitstag aus! Einfach hinlegen, den Boden unter sich spüren, Gewicht abgeben und locker und tief atmen.

3 2- bis 3-mal in jeder Position

EINSTEIGER

1 5-mal

Brustkorbatmung

Die Brustkorbatmung ist ein sehr wichtiger Bestandteil der Pilates-Übungen. Sie mobilisiert die Zwischenrippenmuskulatur, verhilft Ihnen zu einer tiefen und intensiven Atmung und stabilisiert das Powerhouse von oben. Mit ihrer Hilfe kann die Spannung des Powerhouse während der anspruchsvollen Originalübungen aufrechterhalten werden. Die Anweisungen »Atmen Sie in die unteren Rippen« und »Atmen Sie zur Vorbereitung ein«, die Sie auf den folgenden Seiten finden, beziehen sich auf diese Form der Atmung.

> Setzen Sie sich aufrecht auf einen Hocker mit einer harten Sitzfläche, die Beine sind hüftbreit voneinander entfernt.
> Legen Sie Ihre Hände seitlich auf die Rippen.
> Geben Sie mit Ihren Händen einen leichten Druck auf die Rippen und versuchen Sie, beim Einatmen die Hände mit den Rippen auseinander zu schieben. 1

Wichtig: Wölbt sich Ihr Bauch? Heben sich Ihr Brustbein und Ihre Schultern? Beides sollte nicht passieren. Konzentrieren Sie die ganze Atmung ausschließlich auf den Bereich unter Ihren Händen. Hier hilft ein Spiegel bei der Kontrolle.

Beckenboden-Aktivierung

Der Beckenboden bildet eine muskuläre Einheit mit dem tief liegenden Bauchmuskel, beide zusammen sind maßgeblich an der Stabilisierung des Rumpfes beteiligt. Die Anweisungen »Beckenboden hochziehen« und/oder »Sitzbeinhöcker zueinander ziehen« beziehen sich auf diese Art der Beckenbodenarbeit, die die Stärkung der Beckenbodenmuskulatur zum Ziel hat.

> Setzen Sie sich aufrecht auf einen Hocker.
> Rollen Sie Ihr Handtuch zusammen und setzen Sie sich rittlings darauf. Die Beine sind hüftbreit geöffnet, die Handrücken liegen auf den Oberschenkeln, der Nacken ist lang. **2**
> Atmen Sie ein in die unteren Rippen. Mit dem Ausatmen ziehen Sie den Beckenboden sanft hoch, so dass der Druck auf dem Handtuch stärker wird.
> Halten Sie den Beckenboden, versuchen Sie, die Sitzbeinhöcker sanft zueinander zu ziehen, ohne dass der Po mitarbeitet.
> Atmen Sie ruhig weiter, zählen Sie im Kopf bis fünf und lassen Sie langsam wieder los.

Wichtig: Schultern und Kiefer wollen hier besonders gern mitarbeiten, dürfen es aber nicht. Von außen sollte man Ihnen keine Veränderung anmerken. Das Becken rollt nicht! Achten Sie darauf, dass sich von unten kein »Röhrengefühl« einstellt,

2 5-mal

also kein Gefühl, als würden Sie etwas in sich hineinsaugen. Visualisieren Sie Ihren Beckenboden als Hängematte, die Sie hochziehen.

Variante: Beckenboden-Aufzug
> Stellen Sie sich Ihren Beckenboden als Aufzug mit insgesamt drei Stockwerken vor und versuchen Sie, die Spannung stufenweise zu verstärken und wieder aufzulösen.

1 6- bis 7-mal

Powerhouse-Aktivierung

Die Powerhouse-Aktivierung verbindet die einzelnen Komponenten der ersten drei Übungen miteinander und stellt für alle folgenden Übungen die Vorbereitung dar. Bevor Sie also eine Übung der folgenden Seiten ausführen, bringen Sie zuerst Ihren Rumpf in eine möglichst neutrale Position für Becken, Wirbelsäule und Schultern, atmen dann ein und aktivieren mit dem Ausatmen Ihr Powerhouse.
Wenn Sie diese Powerhouse-Aktivierung beherrschen, brauchen Sie die ersten drei Übungen dieses Blocks nicht mehr separat zu üben, sondern können sie miteinander verbinden.
Diese Übung ist scheinbar unspektakulär, verlangt nur wenig Anstrengung und ist trotzdem eine der wichtigsten für die Vorbereitung auf die schwierigeren Übungen. Arbeiten Sie mit minimaler Anspannung! Die Anweisungen »Aktivieren Sie Ihr Powerhouse«, »Ziehen Sie den Beckenboden hoch und den Bauchnabel in Richtung Wirbelsäule«, »Stabilisieren Sie mit dem Ausatmen« beziehen sich auf diese Übung.

› Neutrale Position. Die Hände liegen auf den Rippen.
› Atmen Sie in die unteren Rippen.
› Mit dem Ausatmen ziehen Sie sanft den Beckenboden hoch und lassen die Bauchdecke in Richtung Wirbelsäule sinken. **1**
› Halten Sie den Bauch einen Moment flach, atmen Sie entspannt weiter und lösen Sie die Spannung wieder auf.

Basisstabilisierung – Pilates-Basics

PRAXIS

Wichtig: Achten Sie darauf, dass das Becken sich nicht bewegt. Die Hände auf den Beckenschaufeln oder unter Ihrer Taille können Ihnen helfen, Schummeleien zu entlarven. Sie sollten in diesen Positionen keinerlei Bewegung des Beckens spüren! Ihre Schultern sollten ganz entspannt und locker sein.

Variante: Schienbeinpresse
Für die schwierigeren Versionen dieser und anderer Übungen brauchen Sie ein wirklich stabiles Powerhouse. Um ein Gefühl dafür zu entwickeln, hilft folgende Übung:
> Begeben Sie sich in die Neutrale Position. Ihre Hände umfassen die Schienbeine unterhalb der Knie. Der Kopf darf dabei abheben. **2**
> Atmen Sie entspannt und drücken Sie Ihre Schienbeine sanft gegen Ihre Hände. Lassen Sie die Bauchdecke fallen und die Lendenwirbelsäule mit dem Boden verschmelzen.
> Denken Sie sich Ihren Rücken weich und lassen Sie ihn mit dem Boden eins werden. Sie sollten keinen unangenehmen Druck in der Lendenregion spüren!
> Lösen Sie die Hände und versuchen Sie, die Position kurz zu halten. **3**
> Legen Sie zwischen den Wiederholungen kurz ab.

2

3 3- bis 4-mal

EINSTEIGER

1 Je Seite 3-mal, immer abwechselnd

Stabiles Becken, stabile Schulter

Knie heben

Einfach, aber oho! Das »Knie heben« hilft äußerst effektiv bei der Stabilisierung von Becken und Rumpf und kräftigt die Bauchmuskulatur.

- Begeben Sie sich in die Neutrale Position, die Hände liegen auf dem Boden.
- Atmen Sie zur Vorbereitung ein.
- Mit dem Ausatmen aktivieren Sie Ihren Beckenboden und lassen den Bauchnabel sanft in Richtung Wirbelsäule sinken.
- Geben Sie Ihr ganzes Gewicht gedanklich an den Boden ab und heben Sie dann langsam Ihr rechtes Knie ein paar Zentimeter ab, ohne dass sich das Becken bewegt. **1**
- Atmen Sie, wenn das Knie abgehoben ist, wieder ein, erneuern Sie mit dem Ausatmen die Spannung des Powerhouse und senken Sie Ihr Bein.

Wichtig: Halten Sie das Becken möglichst ruhig. Beobachten Sie sich genau: Halten Sie Spannung in einem anderen Teil Ihres Körpers fest? Sind die Schultern entspannt? Ist Ihr Nacken lang?

Variante: Kleine Kniekreise
- Heben Sie das Knie ab wie bei der Ursprungsübung und legen Sie ein Flexband nahe der Kniekehle hinter Ihren Oberschenkel.
- Lassen Sie Ihren Unterschenkel locker hängen, aktivieren Sie Beckenboden und Bauch und versuchen Sie, kleine Kreise mit dem Knie an die Decke zu malen, ohne dass sich das Becken bewegt.
- Jede Seite 3-mal.

2 3 Je Seite 3-mal

Arme öffnen

Das »Arme öffnen« verbindet zwei ganz wichtige Übungen miteinander. Zum einen wird die Wirbelsäule verdreht wie ein ausgewrungenes Handtuch, was sie wirklich gut leiden mag. Zum anderen wird Ihr Becken gekräftigt und das Dekolleté gedehnt.

> Begeben Sie sich in Seitlage. Zwei Handtücher liegen zusammengerollt unter Ihrem Kopf, Ihre Arme sind lang nach vorne ausgestreckt. Die Beine sind angewinkelt, so dass Sie sowohl im Hüft- als auch im Kniegelenk einen rechten Winkel haben. Die Knie ruhen aufeinander. 2
> Stabilisieren Sie mit dem Ausatmen, schieben Sie die obere Hand lang nach vorne heraus, heben Sie den Arm ab, dieser öffnet zur Decke und fließt weiter bis hinter Sie.
> Ihr Blick folgt Ihrer Hand, Ihre Wirbelsäule rollt mit, der Schultergürtel ist weit und offen, die Knie bleiben fest geschlossen. 3
> Gehen Sie bis an den Punkt, an dem Sie eine Dehnung in der Schulterpartie spüren, halten Sie die Position für drei entspannte Atemzüge und führen Sie die Bewegung wieder zurück.

Wichtig: Achten Sie darauf, dass Ihre Knie aufeinander liegen bleiben, und halten Sie Abstand zwischen Schultern und Ohren!

DER SCHEIBENWISCHER

Bewegen Sie Ihren Arm in der Endposition leicht auf und ab in Richtung Kopf und Füße und beobachten Sie, ob die Dehnung stärker wird.

TIPP

EINSTEIGER

1 5-mal

Armführung

Die »Armführung« ist eine der wichtigsten Übungen zur Stabilisierung Ihres Schultergürtels und zur Entspannung Ihres Nackens. Die Anweisungen »Integrieren Sie die Schultern«, »Halten Sie Abstand zwischen Ihren Schultern und den Ohren«, »Die Schultern sind weit und offen« meinen diese Form der Schulterarbeit, bei der die Schultern bewusst sanft hinuntergezogen werden.

> **TIPP**
>
> **BECKEN + SCHULTER = EINS**
>
> Stellen Sie sich vor, dass Ihre Schulterblätter durch ein dickes Gummiband mit Ihrem Becken verbunden sind und nach unten gleiten, während sich die Arme heben.

- Begeben Sie sich in die Neutrale Position.
- Atmen Sie sanft in Ihre unteren Rippen, mit dem Ausatmen aktivieren Sie Ihr Powerhouse.
- Lassen Sie Ihre Hände am Boden entlang in Richtung Füße gleiten, dann heben Arme und Hände ab in Richtung Decke und werden im Halbkreis hinter den Kopf geführt. Die Arme sind in Verlängerung Ihres Körpers lang gestreckt, die Schultern liegen fest auf den Rippen auf, das heißt, sie sind weit weg von den Ohren. 1
- Gehen Sie so weit, bis Sie eine Dehnung in der Nacken- bzw. Oberarmregion verspüren, stabilisieren Sie erneut und führen Sie Ihre Arme wieder zurück.

Stabiles Becken, stabile Schulter — PRAXIS

Wichtig: Schieben Sie die Arme in Richtung Füße, bevor Sie sie abheben! Lassen Sie Ihre Arme lang, auch wenn Sie sie hinter den Kopf geführt haben.
Sind Ihre Schultern weit weg von den Ohren? Um dies zu testen, ziehen Sie einmal bewusst die Schultern ganz hoch und führen Sie sie dann wieder zurück. Sobald Sie merken, dass Sie die Schultern hochziehen, senken Sie die Arme wieder!

Schulter fallen lassen

Dies ist eine wunderbare Übung bei verspannten Schultern oder nach einem anstrengenden Tag. Sie trägt zur Dehnung und Entspannung der Nackenpartie sowie der Muskulatur zwischen den Schulterblättern bei und fördert die Beweglichkeit der Brustwirbelsäule.

> Nehmen Sie die Neutrale Position ein, die Arme sind lang zur Decke ausgestreckt.
> Atmen Sie ganz entspannt ein und aus. Mit dem Einatmen schicken Sie Ihren linken Arm weit nach oben zur Decke, so dass der Arm sich streckt und eine leichte Diagonale nach rechts zeigt, die Schulter abhebt, Brustkorb und Kopf sanft ein wenig nach rechts rollen. **2**
> Mit dem Ausatmen lassen Sie die Schulter weich in ihre Ausgangsposition zurückgleiten, der Arm bleibt zur Decke gestreckt.

2 Je Seite 3- bis 4-mal

Wichtig: Achten Sie darauf, dass die Schulter weich zurückgleitet, wie in ein weiches Daunenkissen und nicht wie auf einen harten Betonboden. Die Übung soll schließlich entspannend sein!

1 Abwechselnd jede Seite 3- bis 4-mal

Mobile Wirbelsäule

Hüfte rollen

Eine der besten Übungen für die Mobilisierung der Wirbelsäule! Zweiter Pluspunkt: die Dehnung für die Rückenmuskulatur.

> Begeben Sie sich in die Neutrale Position, Füße und Knie sind dabei jedoch geschlossen. Die Arme liegen mit ein wenig Abstand lang ausgestreckt neben Ihnen.

> Atmen Sie zur Vorbereitung ein, mit dem Ausatmen aktivieren Sie Ihr Powerhouse, indem Sie Beckenboden und Bauch sanft einziehen.

> Führen Sie dann beide Beine nach links, das Becken rollt mit, Ihren Kopf lassen Sie in die Gegenrichtung rollen. Rollen Sie das Becken nur so weit, wie der gesamte Schultergürtel entspannt auf dem Boden liegen bleiben kann. **1**

> Wenn Sie merken, dass Ihre Gegenschulter vom Boden abheben möchte, erneuern Sie Ihre Stabilisierung und rollen Ihr Becken wieder ganz sanft zurück.

Wichtig: Es passiert leicht einmal, dass man bei dieser Übung zu weit zur Seite rollt. Konzentrieren Sie sich ausschließlich auf die Rollbewegung und Ihre Schultern!

Wirbelsäule aufrollen

Diese Übung, die Dehnung für die Rückenstrecker bringt und die Wirbelsäule beweglich macht, ist besonders wichtig für Personen mit starker Lendenlordose, das heißt einem starken Hohlrücken im Taillen-/Lendenbereich.

Mobile Wirbelsäule — PRAXIS

> Neutrale Position. Platzieren Sie einen Tennisball zwischen Ihren Knien.
> Atmen Sie entspannt in die unteren Rippen.
> Mit dem Ausatmen ziehen Sie den Beckenboden hoch und lassen den Bauchnabel in Richtung Wirbelsäule fallen. Lassen Sie Ihre Sitzbeinhöcker zueinander gleiten, bis die Lendenwirbelsäule sanft in den Boden rollt und das Becken leicht abhebt. **2**
> Atmen Sie noch einmal ein, aktivieren Sie mit dem Ausatmen Ihr Powerhouse, lassen Sie Ihre Schultern ganz bewusst los und rollen Sie in die Neutrale Position zurück.
> Mit jeder neuen Wiederholung rollen Sie einige wenige Zentimeter höher **3**, bis Ihre Lendenwirbelsäule komplett abgehoben ist. **4**

Wichtig: Stellen Sie sich Ihre Wirbelsäule wie eine Perlenkette vor, versuchen Sie, sie wirklich Wirbel für Wirbel hochzurollen. Rollen Sie nur bis zum mittleren Rücken hoch, also nur so weit, dass die unteren Spitzen der Schulterblätter noch Bodenkontakt haben. Alles, was darüber geht, belastet Nacken und Hals!
Sie sollten keinen Druck in der Lendenwirbelsäule spüren, falls doch, rollen Sie weniger weit hoch!
Beim Herunterrollen möchten Ihre Schultern besonders gerne mithelfen. Versuchen Sie, sie ganz entspannt mit dem Boden verschmelzen zu lassen.

4 5-mal

Dehnungen – Mobilisierung des Beckens

Dehnung hintere Oberschenkel

Die Dehnungen für die hinteren Oberschenkel gehören zu den wichtigsten Übungen für die Mobilisierung des Beckens sowie der Hüft- und Kniegelenke. Menschen mit sitzender Tätigkeit oder Personen, die ihr Becken im Stand nach vorne schieben, profitieren besonders davon. Der erste Teil der Übung spricht die oberen, die Variante die unteren Fasern des Muskels an. Führen Sie sie immer zusammen aus.

> Neutrale Position. Legen Sie eine kleine Handtuchrolle unter Ihre Lendenwirbelsäule und stellen Sie das linke Bein auf. Ihre Ellbogen sind aufgestützt, der Schultergürtel entspannt. Legen Sie das Flexband um Ihre rechte Fußsohle, halten Sie das Bein abgehoben und das Band mit beiden Händen fest.

> Atmen Sie zur Vorbereitung ein, mit dem Ausatmen ziehen Sie den Becken-

1 Je Seite 1-mal

Dehnungen – Mobilisierung des Beckens — PRAXIS

boden hoch und lassen den Bauchnabel in Richtung Wirbelsäule sinken.
› Ziehen Sie dann das rechte Knie zu sich, ohne dass sich der Druck auf das Handtuch erhöht, und strecken Sie den Unterschenkel zur Decke bis zu dem Punkt, an dem die Dehnung einsetzt. Das Bein bleibt auf jeden Fall gebeugt! **1**
› Atmen Sie entspannt weiter, zählen Sie von 15 langsam rückwärts und lösen Sie die Stellung dann wieder auf. Machen Sie weiter mit der Variante.

Wichtig: Achten Sie auf Ihren Schultergürtel, er soll so locker wie möglich bleiben. Lassen Sie Ihr Steißbein zum Boden sinken.

Variante: Das gestreckte Bein dehnen
› Strecken Sie nun das rechte Bein mit dem Flexband auf halbe Höhe aus, das linke Bein ist aufgestellt. **2**
› Stabilisieren Sie erneut und führen Sie das Bein gestreckt in Richtung Decke, ohne dass das Becken in das Handtuch rollt. **3**
› Entspannt von 15 herunterzählen, auflösen und die Seite wechseln.
› Sie können zuletzt noch die Wadenmuskulatur dehnen, indem Sie die Ferse herausschieben. Uh, das tut weh!

Wichtig: Lassen Sie die Schulter locker und atmen Sie entspannt weiter.

2 **3** Je Seite 1-mal

EINSTEIGER

Dehnung Hüftbeuger

Die Hüftbeuger sind Muskeln, die das Becken nach vorne kippen, wenn sie verkürzt sind. Dadurch beeinflussen sie die Ausrichtung des gesamten Oberkörpers negativ, verursachen Bandscheibenvorfälle und andere unangenehme Dinge. Dehnung ist also wichtig.
Die folgenden Dehnungen verlängern diese Muskeln und mobilisieren Knie, Hüftgelenk, Becken und Lendenwirbelsäule.

> Neutrale Position. Ihr Gesäß ruht auf einer großen Handtuchrolle, die Knie sind zu Ihrem Brustkorb gezogen und die Oberschenkel liegen weich auf Ihrem Bauch.
> Halten Sie das linke Bein mit beiden Händen in der Kniekehle.
> Aktivieren Sie Beckenboden und Bauch mit dem Ausatmen und stellen Sie das rechte Bein, so wie es ist, ohne den Winkel im Knie zu verändern, so nah wie möglich bei der Rolle auf dem Boden ab. Zieht's im vorderen Oberschenkel des rechten Beines? Gut! **1**
> Halten Sie diese Position für fünf tiefe und ruhige Atemzüge und versuchen Sie, mit jedem Atemzug Ihre Oberschenkelmuskulatur ein bisschen weicher werden zu lassen.
> Strecken Sie nun Ihr rechtes Bein lang aus, so dass Sie eine Dehnung in der rechten Leiste spüren, und zählen Sie langsam von 20 rückwärts. **2**

Wichtig: Lassen Sie beim zweiten Teil der Dehnung nicht die Lendenwirbelsäule vom Boden abheben. Ihr Bein braucht den Boden nicht zu berühren. Wichtiger ist ein lang ausgestrecktes Bein.

1   **2** Je Seite 1-mal

Dehnungen – Mobilisierung des Beckens — PRAXIS

Dehnung Rückenstrecker

Verkürzte Rückenstrecker drücken die Lendenwirbelsäule zusammen und nehmen ihr Bewegungsspielraum – eine typische Ursache für Rückenbeschwerden. Diese Übung dehnt die Rückenstrecker und mobilisiert die Lendenwirbelsäule.
> Neutrale Position. Das Becken liegt auf einer großen Handtuchrolle, die Arme ruhen neben Ihnen.
> Ziehen Sie Ihre Beine nacheinander zu sich heran. Um die Dehnung zu verstärken, können Sie die Beine mit den Armen umfassen. Lassen Sie dabei die Wirbelsäule entspannt mit dem Boden eins werden. **3**
> Atmen Sie in Ihren ganzen Rumpf und spüren Sie, wie die Lendenwirbelsäule weich wird.
> Gönnen Sie sich eine Minute Auszeit.

Dehnung Adduktoren

Dehnung für die Adduktoren (die Muskelgruppe an der Innenseite der Oberschenkel) ist besonders wichtig für Personen, die ein schwaches Becken haben oder unter Ischiasbeschwerden leiden.
> Neutrale Position. Das Becken ruht auf einer großen Handtuchrolle.
> Strecken Sie die Beine lang nach oben aus.
> Öffnen Sie die Beine und lassen Sie sie weich nach außen fallen. **4**
> Gönnen Sie sich fünf entspannte Atemzüge und schließen Sie die Beine wieder.

3 1-mal

4 2-mal

1   5-mal, dann die Hände wechseln

Stärkung für den Bauch

Curl-ups

Das *Hochrollen für den Oberkörper* ist die Übung schlechthin für einen starken Bauch und einen kräftigen, gesunden Rücken! Arbeiten Sie mit minimalem Kraftaufwand, damit Sie die Stabilisatoren auch wirklich erreichen.

Diese Übung kräftigt die tief liegende Bauch- und Rückenmuskulatur, die Zwischenrippenmuskeln und Schulterstabilisatoren. Sie festigt das Becken und mobilisiert die Brustwirbelsäule.

> Neutrale Position. Eine Hand ruht auf dem Bauch, die andere liegt unter Ihrem Kopf.
> Aktivieren Sie mit dem Ausatmen das Powerhouse, dann geht das Kinn zum Brustbein, der Kopf hebt ab und Ihr Blick geht zu Ihren Knien. **1**
> Gehen Sie nur so weit, wie Sie den Bauch ganz flach halten können und dieser sich nicht wölbt. Halten Sie die Position kurz und legen Sie dann wieder ab.
> Die Schultern sind weit und offen, das heißt, sie sind locker und unverkrampft, der Hals ist lang und entspannt, der Bauch flach und das Becken neutral.

Wichtig: Achten Sie darauf, dass Ihr Hals lang bleibt. Pressen Sie Ihr Kinn nicht auf Ihr Brustbein, sondern lassen Sie es über dem Brustbein »schweben«.

Das Becken sollte ganz ruhig bleiben. Beobachten Sie Ihre Leistengegend: Spüren Sie dort Spannung? Dann strecken Sie die Beine mit einer großen Handtuchrolle unter den Knien aus.

Auf keinen Fall die Schultern hochziehen!

2 Je Seite 5-mal

Seitliche Curl-ups

Das *Seitliche Hochrollen* kräftigt die schrägen Bauchmuskeln und sorgt für eine schlanke Taille! Auch hier gilt: minimaler Kraftaufwand.

- Neutrale Position. Beide Hände sind hinter dem Kopf verschränkt, die Füße stehen nebeneinander, zwischen Ihren Knien klemmt ein Tennisball.
- Stabilisieren Sie mit dem Ausatmen und führen Sie beide Knie zehn Zentimeter nach links.
- Stabilisieren Sie erneut, dann gehen die Ellbogen leicht nach oben, das Kinn geht zum Brustbein, der Kopf hebt ab, Ihr Blick wandert zu den Knien. **2**
- Die Schultern bleiben integriert und weit, das Kinn schwebt über dem Brustbein, der Bauch bleibt flach.
- Nur kurz halten und wieder zurückführen.

Wichtig: Achten Sie darauf, dass Ihr Oberkörper nicht von den Knien mit zur Seite gezogen wird. Halten Sie Ihr Gewicht mittig, das Becken bewegt sich nicht. Der Schultergürtel ist offen und weit.

ENTSPANNUNG FÜR DEN BAUCH

Gönnen Sie sich und Ihrem Bauch nach dem Training der Bauchmuskeln doch eine richtig schöne Entspannung: Strecken Sie Arme und Beine lang nach oben und unten aus und machen Sie sich gaaanz lang!

TIPP

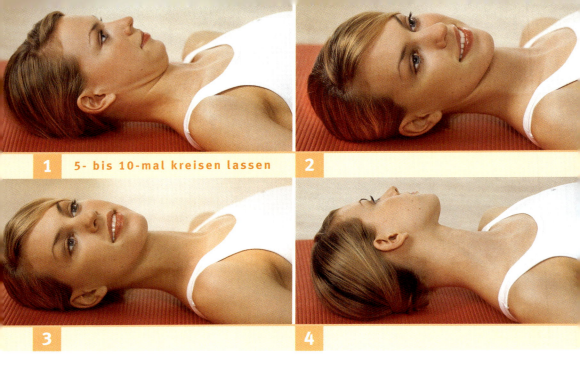

1 5- bis 10-mal kreisen lassen 2

3 4

Stärkung für Nacken, Schulter und Rücken

Nasenkreise

Spannungen im Hals nach Bauchübungen erledigen sich ziemlich schnell und auf Dauer durch Nasenkreise, eine Übung, die die tiefen Nackenflexoren anspricht.
> Rückenlage, die Beine sind lang ausgestreckt.
> Atmen Sie entspannt und rollen Sie den Kopf einmal nach rechts und einmal nach links, um den Nacken zu lockern.
> Schließen Sie die Augen, wenn Sie möchten, und malen Sie nun mit der Nase Euro-Stück-große Kreise an die Decke, bis sich Ihr Nacken wieder weich und entspannt anfühlt. 1 – 4
> Zwischendurch die Richtung wechseln.

Flexbandzug nach vorne

Bei diesen beiden Übungen ist besonders präzise Arbeit gefragt. Und auch hier gilt: minimaler Kraftaufwand. Am besten setzen Sie sich zur Kontrolle vor einen Spiegel. Der Flexbandzug kräftigt die Schultern, richtet den Rücken auf und stärkt das Powerhouse. Vor dieser Schulterstabilisierung sollten Sie – je nachdem, was Sie benötigen – Ihrer vorderen oder hinteren Brustmuskulatur eine Dehnung gönnen (»Arme öffnen«, S. 49, oder »Schulter fallen lassen«, S. 51).
> Setzen Sie sich aufrecht auf einen Hocker. Stellen Sie die Beine hüftbreit geöffnet auf.

| 5 | 5-mal | 6 | 5-mal |

Flexbandzug nach hinten

- Legen Sie sich Ihr Flexband von hinten um die Hüften, halten Sie es locker mit beiden Händen, so dass die Hände auf dem Oberschenkel ruhen und das Band ohne Spannung ist.
- Atmen Sie zur Vorbereitung in die unteren Rippen und lassen Sie die Schultern leicht zu den Ohren fließen.
- Mit dem Ausatmen aktivieren Sie Ihr Powerhouse.
- Integrieren Sie die Schultern, indem Sie die Hände sanft nach unten schieben und das Band mit lang gestrecktem Arm so weit nach vorn führen, wie Sie die Schultern unten halten können. 5

- Setzen Sie sich wieder aufrecht auf den Hocker. Die Beine sind hüftbreit aufgestellt, Ober- und Unterschenkel bilden einen rechten Winkel.
- Legen Sie das Flexband um Ihre Knie und halten Sie es mit wenig Spannung seitlich an der Mitte Ihrer Oberschenkel.
- Atmen Sie zur Vorbereitung in die unteren Rippen und ziehen Sie Ihre Schultern dabei leicht zu den Ohren.
- Mit dem Ausatmen schieben Sie Ihre Hände lang nach unten heraus und mit gestreckten Armen sanft nach hinten. 6

Wichtig: Arbeiten Sie mit dem Powerhouse, nicht mit Schwung.

EINSTEIGER

Nacken strecken

Das »Nacken strecken« ist eine der wichtigsten Übungen zur Kräftigung der Rücken- und Schulterstabilisatoren. Üben Sie sie regelmäßig vor den anderen Rückenübungen und immer nur mit geringem Kraftaufwand! Genießen Sie die Entspannung für Ihren Nacken.

> Begeben Sie sich in die Bauchlage. Die Hände liegen übereinander und die Stirn ruht auf den Händen.
> Atmen Sie zur Vorbereitung in die unteren Rippen. Mit dem Ausatmen aktivieren Sie Ihr Powerhouse.
> Lassen Sie die Schultern nach hinten-unten gleiten. Dadurch streckt sich der Nacken und der Kopf hebt wenige Zentimeter von den Händen ab. **1**
> Ihr Blick ruht auf Ihren Händen, der Nacken ist lang, die Schultern sind entspannt. Der Po bleibt locker, die Ellbogen unbelastet.
> Einen entspannten Atemzug lang halten und wieder auflösen.

Wichtig: Ganz besonders gerne möchte bei dieser Übung Ihr Gesäß den Rückenmuskeln zu Hilfe eilen. Achten Sie deswegen mal auf Ihren Po. Lassen Sie ihn nicht mithelfen! Beobachten Sie auch Ihre Ellbogen. Sie liegen zwar auf, sollten jedoch unbelastet sein.

1 6- bis 7-mal

PRAXIS — Stärkung für Nacken, Schulter und Rücken

Der Pfeil

Eine super Kräftigung für den ganzen Körper, insbesondere für die Rückenmuskulatur.

- Bauchlage. Die Arme liegen lang nach unten ausgestreckt neben Ihnen. Um Ihre Nase vor Druck zu schützen, können Sie sich ein Handtuch unter die Stirn legen.
- Atmen Sie zur Vorbereitung in die unteren Rippen und stabilisieren Sie mit dem Ausatmen.
- Dann heben die Schultern vom Boden ab und gleiten in Richtung Füße.
- Die Arme heben ab, die Handflächen zeigen zum Oberschenkel. Der Nacken streckt sich und der Kopf hebt ab. Po und Beine bleiben entspannt. **2**
- Kurz halten und wieder ablegen.
- Stabilisieren Sie erneut und führen Sie die Übung noch einmal durch, diesmal aber schieben Sie die Beine mit gestreckten Füßen lang heraus, bis sie leicht abheben, so dass Sie von Kopf bis Fuß lang gestreckt sind. Der Po macht mit! **3**

Wichtig: Heben Sie wirklich Ihre Schulterblätter vom Boden hoch. Versuchen Sie, die erste Variante der Übung mit ganz lockerem Po zu absolvieren! Umso mehr wird der Rücken gefordert!

2 3-mal

3 3-mal

EINSTEIGER

1 5-mal

Stabiles Becken

Kissen drücken

Das »Kissen drücken« ist eine äußerst effektive Übung für Personen mit Beckenbodenschwäche oder einer schwachen Bauchmuskulatur. Sie stimuliert den Beckenboden und die tief liegenden Rumpfstabilisatoren sowie die Adduktoren. Sie entspannt außerdem das Kreuz-Darmbein-Gelenk und die Leistenregion. Geht mächtig in die Tiefe! Auch hier gilt: minimaler Kraftaufwand.

› Neutrale Position, Ihre Hände ruhen an Ihren Leisten. Ihr Kopf liegt auf einem zusammengefalteten Handtuch, zwischen den Knien steckt eine Handtuchrolle.

› Atmen Sie zur Vorbereitung ein. Mit dem Ausatmen ziehen Sie den Beckenboden hoch, lassen den Bauchnabel in Richtung Wirbelsäule sinken und drücken die Handtuchrolle sanft zusammen. Der Hüftbeuger bleibt dabei weich und Ihr Schultergürtel ganz entspannt. **1**

› Zählen Sie langsam von fünf rückwärts und lösen Sie wieder auf.

Wichtig: Tun Sie nicht zu viel! Das Becken darf nicht rollen, der Po sollte nicht mitarbeiten und Ihre Hände sollten keine Anspannung vom Hüftbeuger (dem vorderen Oberschenkel) spüren. Ach ja: Ist Ihr Nacken locker?

TIPP

LINDERUNG BEI PERIODENSCHMERZEN

Das »Kissen drücken« ist eine exzellente Übung, falls Sie unter starken Regelbeschwerden leiden. Die Übung hilft Spannungen und Krämpfe im Unterbauch zu lösen.

2 10-mal   **3** Je Seite 2-mal

Auster

Die »Auster« ist ein wunderbarer Po-Heber und lindert häufig Ischiasbeschwerden! Führen Sie die beiden Übungen auf dieser Seite immer zusammen aus.

> Gehen Sie in Seitlage. Den unteren Arm strecken Sie nach oben aus, zwischen Kopf und Arm legen Sie ein kleines Handtuch. Die Knie sind gebeugt, die Füße in einer Linie mit der Wirbelsäule. Der obere Arm ist vor Ihnen aufgestützt, die Schultern sind integriert. Ihre untere Taille ist leicht angehoben, das heißt, Sie können Ihre obere Hand zur Kontrolle flach zwischen Boden und Taille schieben.

> Atmen Sie zur Vorbereitung ein, mit dem Ausatmen aktivieren Sie Ihr Powerhouse und öffnen Ihr oberes Knie zur Decke. **2**

> Den Rumpf stabil halten, Position kurz halten und wieder auflösen.

Dehnung Gesäßmuskulatur

Diese Dehnung verschafft bei Ischiasbeschwerden Erleichterung oder wenn die Kniescheiben zueinander gerichtet sind. Sie mobilisiert das Kreuz-Darmbein-Gelenk und die Hüftgelenke.

> Setzen Sie sich aufrecht auf einen Hocker, die Beine stehen hüftbreit auseinander. Legen Sie Ihren linken Unterschenkel auf Ihr rechtes Knie.

> Stabilisieren Sie mit dem Ausatmen und lehnen sich mit geradem Oberkörper nach vorne, bis Sie eine Dehnung im Gesäß spüren. **3**

> Zählen Sie langsam von 15 rückwärts, lösen Sie die Spannung und wiederholen Sie die Übung.

1 Je Seite 2-mal   **2** Je Seite 1-mal

Dehnungen Po – Taille – Nacken

Dehnung Taille

Diese Übung strafft die Taille und verschafft Linderung bei Beschwerden im Lendenbereich.
- Setzen Sie sich aufrecht auf einen Hocker. Ihre Beine sind geöffnet, in den Kniegelenken haben Sie einen rechten Winkel.
- Lehnen Sie sich mit geradem Oberkörper nach links und stützen Sie Ihren linken Ellbogen auf Ihr linkes Knie. **1**
- Heben Sie mit aktivem Powerhouse Ihren rechten Arm und führen Sie ihn zur Decke in eine sanfte Diagonale.
- Halten Sie die Stabilisierung, atmen Sie entspannt weiter, zählen Sie von zehn rückwärts und lösen Sie die Position auf.
- Verstärken Sie die Dehnung beim zweiten Mal ganz sanft.

Dehnung Nacken

Eine wunderbare Übung für Personen, die oft unter Nackenverspannungen leiden!
- Setzen Sie sich aufrecht auf einen Hocker. Die Arme hängen entspannt an Ihren Seiten herunter.
- Lassen Sie Ihren Kopf in Richtung linke Schulter sinken, während Sie weiter nach vorn schauen.
- Aktivieren Sie Ihr Powerhouse und lassen Sie Ihre rechte Hand zum Boden fließen. **2**
- Zählen Sie langsam von 15 rückwärts und lösen Sie die Stellung wieder.

Wichtig: Ein verspannter Nacken muss ohnehin genug leiden, dehnen Sie deshalb ganz sanft.

Cool-down

Das Rad

Das »Rad« hilft Ihnen, ein Gefühl für die Beweglichkeit Ihrer Wirbelsäule zu bekommen. Achten Sie darauf, wie sich die Wirbelsäule Wirbel für Wirbel herunterrollt.

> Sie stehen aufrecht an eine Wand gelehnt, Ihre Füße eine halbe Schrittlänge von der Wand entfernt, die Knie sind leicht gebeugt, das Becken ist neutral (schieben Sie zur Kontrolle auf Taillenhöhe eine Hand zwischen Ihren Rücken und die Wand). Die Schultern liegen entspannt an der Wand an, der Kopf hat keinen Kontakt zur Wand. Die Arme hängen an den Seiten herunter. **3**
> Atmen Sie zur Vorbereitung entspannt in die unteren Rippen.
> Mit dem Ausatmen aktivieren Sie den Beckenboden und ziehen den Bauchnabel sanft in Richtung Wirbelsäule.
> Dann bringen Sie das Kinn zum Brustbein und rollen die Wirbelsäule Wirbel für Wirbel nach unten, bis Ihre Hände den Boden berühren. **4**
> Atmen Sie wieder ein, aktivieren Sie mit dem Ausatmen erneut Ihr Powerhouse und rollen Sie wieder hoch, bis Ihre Schultern – nicht der Kopf – die Wand berühren.

Wichtig: Halten Sie die Bewegung an, um neu Luft zu holen, falls Sie den Bauch noch nicht flach lassen können.

4-mal

Mittelstufe – ein großer Schritt weiter

Das Einsteigerkapitel hat Sie auf die folgenden Übungen vorbereitet. Durch die Konzentration auf Ihre Bewegungen während der Übungen konnten Sie auf mentaler Ebene hoffentlich bereits ein wenig entspannen und haben ein erstes Gefühl dafür bekommen, wie sich Ihr Körper während der Übungen verhält. Ihr Körperbewusstsein wird sich bereits gesteigert haben.

In diesem Kapitel finden Sie nun Übungen, die auf den Einsteigerübungen basieren, diese miteinander verbinden und vertiefen. Während Sie beispielsweise im Einsteigerkapitel einzeln gelernt haben, Ihren Beckenboden anzuspannen, in den seitlichen Brustkorb zu atmen und Ihr Powerhouse zu aktivieren, werden Sie in den kommenden Kapiteln diese drei Übungen immer mehr zu einer Einheit verschmelzen lassen. Das kräftige Powerhouse ist dann Basis für anspruchsvolle Bauchübungen, schützt Sie während der Rückenübungen und ermöglicht gezielte Kräftigung für das Becken und Rollbewegungen der Wirbelsäule. Mehrere Übungen bereiten schon auf die Original-Pilates-Übungen vor.

Warm-up   PRAXIS

Wichtig für Ihr weiteres Training: Eilen Sie nicht zu schnell voran. Sie sollten sich und Ihrem Körper ruhig ein paar Wochen Zeit lassen, um ein Gespür für die Übungen zu bekommen. Sie werden feststellen, dass Sie nach einer Weile dadurch Dinge in Ihrem Körper wahrnehmen, die Sie zu Beginn Ihres Trainings nicht spüren konnten.

Warm-up

Kreidekreise

Eine wundervolle Entspannung für die Wirbelsäule und ein toller Start in Ihr Training. Diese Übung stabilisiert Ihr Becken und mobilisiert die Wirbelsäule. Zudem wird die vordere Brustmuskulatur gedehnt.

› Seitlage. Unter Ihrem Kopf liegen zwei zusammengerollte Handtücher. Die Arme sind nach vorne ausgestreckt (siehe »Arme öffnen«, S. 49). Die Beine sind so gebeugt, dass Sie sowohl im Hüft- als auch im Kniegelenk einen rechten Winkel haben. 1
› Aktivieren Sie zur Vorbereitung Ihr Powerhouse.
› Schicken Sie dann die obere Hand über die untere lang nach vorne heraus und lassen Sie Ihre obere Hand am Boden entlang einen großen Kreis um Sie herum zeichnen. Halten Sie so lange wie möglich Bodenkontakt. 2
› Atmen Sie während der Kreise entspannt weiter.

Wichtig: Halten Sie Ihre Knie fest aufeinander und Ihre Arme lang gestreckt!

1

2   Je Seite 2-mal

MITTELSTUFE

Roll-downs

Das *Herunterrollen* ist eine lohnende Herausforderung für Personen mit starkem Hohlkreuz! Sie profitieren von der Mobilisierung der Wirbelsäule und einer effektiven Dehnung der Rückenstrecker. Dazu gibt's ein wenig Stärkung für die Bauchmuskulatur.

> Sie sitzen aufrecht mit aufgestellten Beinen. Ihre Hände haben Sie in den Kniekehlen, die Ellbogen zeigen nach außen, die Schultern sind integriert.

> Atmen Sie zur Vorbereitung ein und stabilisieren Sie mit dem Ausatmen.

> Rollen Sie über das Steißbein hinunter auf die Lendenwirbel oder bis zu dem Punkt, an dem Sie das Gefühl haben, Ihre Position gerade noch halten zu können. Ziehen Sie Ihre Füße dabei am Boden entlang leicht zu Ihnen. 1

> Ziehen Sie den Bauch erneut flach, lösen Sie Ihre Hände von den Kniekehlen und rollen Sie zwei Zentimeter weiter nach unten. 2

> Rollen Sie dann mit ebenso rundem Rücken wieder zur Ausgangsposition zurück. Das Brustbein führt.

Wichtig: Halten Sie die Wirbelsäule während der ganzen Übung rund. Führen Sie beim Hochrollen erst das Brustbein (nicht den Kopf!) nach vorne. Die Schultern sind fest mit dem Brustkorb verbunden und rutschen nicht zu den Ohren!

1

2 4-mal

Noch mehr Kraft für den Bauch | **PRAXIS**

3 4 Sätze

Noch mehr Kraft für den Bauch

The Hundreds I

Die *Hundert* ist eine der charakteristischsten und ungewöhnlichsten Pilates-Übungen. Das Besondere an dieser Übung ist die Pumpbewegung für die Arme. »The Hundreds« wird über mehrere Atemzüge gehalten und fördert so den Muskeltonus und die Kondition Ihrer Stabilisatoren.

- Neutrale Position. Die Arme ruhen neben Ihnen.
- Aktivieren Sie mit dem Ausatmen Ihr Powerhouse.
- Dann geht das Kinn zum Brustbein, der Kopf kommt hoch, Ihre Arme strecken sich lang heraus in Richtung Füße und heben ab. **3**
- Halten Sie das Powerhouse, atmen Sie entspannt weiter und pumpen Sie mit Druck mit den lang gestreckten Armen zum Boden, ganz so als wollten Sie die Luft nach unten wegdrücken.
- 5-mal pumpen auf dem Einatmen, 5-mal auf dem Ausatmen.

Variante: The Hundreds II

- Heben Sie mit aktivem Powerhouse – ohne Beckenbewegung! – nacheinander beide Knie ab, so dass die Unterschenkel horizontal sind.
- Führen Sie dann die Übung und die Pumpbewegungen so aus, wie Sie sie aus der Version I kennen. Lassen Sie zusätzlich die Lendenwirbelsäule mit dem Boden verschmelzen.

Wichtig: Halten Sie den Bauch flach! Pumpen Sie aus dem Oberarm, lassen Sie die Arme lang und halten Sie maximalen Abstand zwischen Schultern und Ohren.

MITTELSTUFE

Single Leg Stretch I

Das originale *Strecken für ein Bein* stellt eine große Herausforderung an Ihre Koordinationsfähigkeit dar. Deshalb arbeiten wir uns langsam heran. Diese Übung kräftigt das Powerhouse, insbesondere die schrägen Bauchmuskeln, strafft Ihre Körpermitte und die Schenkel.

> Neutrale Position, die Beine sind abgehoben, die Knie im rechten Winkel gebeugt. Ihre Hände liegen auf den Knien. **1**

> Mit dem Ausatmen aktivieren Sie Ihr Powerhouse und führen das Kinn zum Brustbein, der Kopf hebt ab.

> Die Lendenwirbelsäule nähert sich sanft dem Boden und Sie strecken das rechte Bein in eine leichte Diagonale lang aus, während nun beide Hände auf dem linken Knie ruhen. **2**

> Beugen Sie das rechte Bein mit dem Einatmen wieder.

> Stabilisieren Sie mit dem Ausatmen erneut und strecken Sie das linke Bein lang in die Diagonale aus. Der Bauch bleibt flach, der Schultergürtel weit und der Hals lang. Ihr Blick ruht auf Ihrer Schambeinfuge.

> Ziehen Sie mit stabilem Powerhouse das Bein zurück, atmen Sie ruhig ein und strecken Sie mit dem Ausatmen das rechte Bein in die Diagonale lang aus.

Wichtig: Achten Sie auf Ihre Schulterstabilisierung! Lassen Sie Ihren Rumpf mit dem Boden verschmelzen und halten Sie ihn so stabil wie möglich. Der Bauch sollte flach bleiben. Atmen Sie verstärkt in die Rippen!

1   **2**   Je Seite 4-mal

Noch mehr Kraft für den Bauch | **PRAXIS**

3

4　4-mal

Double Leg Stretch I

Das *Strecken für beide Beine* verlangt die totale Kontrolle des Powerhouse. Die Übung kräftigt das Powerhouse und die Schulterstabilisatoren und strafft Bauch und Beine.
- Neutrale Position. Die Arme ruhen neben Ihnen, Ihre Beine sind abgehoben, die Knie im rechten Winkel gebeugt. 3
- Aktivieren Sie mit dem Ausatmen Ihr Powerhouse und führen Sie das Kinn zum Brustbein, dann hebt der Kopf ab.
- Schieben Sie die Hände weit nach unten raus und strecken Sie die Arme parallel zum Boden lang in der Luft aus, die Beine strecken Sie lang nach oben.
- Ihre Wirbelsäule verschmilzt mit dem Boden, Ihr Blick ruht auf der Schambeinfuge. Der Bauch ist flach. 4
- Zwei bis drei Sekunden halten und wieder auflösen.

Wichtig: Integrieren Sie die Schulterblätter, ziehen Sie die Arme weit, weit nach unten raus. Achten Sie dabei darauf, dass Ihre Brustpartie weit und offen ist. Halten Sie Ihr Powerhouse stabil, die Lendenwirbelsäule bleibt sanft mit dem Boden verbunden.

73

1 Je Seite 3-mal

Teaser – Vorbereitung

Die *Harte Nuss* ist eine typische Pilates-Übung und kann einem ganz schön zusetzen (engl. *to tease* bedeutet »quälen, ärgern«). Sie zeigt, wie akrobatisch Pilates in seinem Ursprung ist.

Die Übung kräftigt Schultern und Becken sowie das Powerhouse, insbesondere die schrägen Bauchmuskeln, und strafft Beine, Arme und Körpermitte.

- Neutrale Position. Die Beine sind aufgestellt. Die Arme liegen entspannt neben Ihnen.
- Atmen Sie zur Vorbereitung in die unteren Rippen und aktivieren Sie mit dem Ausatmen Beckenboden und Bauch.
- Dann führen Sie das Kinn zum Brustbein, der Kopf hebt ab, die Arme gleiten lang nach unten heraus. Die Brustwirbelsäule rundet sich, die Lendenwirbelsäule verschmilzt dadurch sanft mit dem Boden.
- Strecken Sie die Arme parallel zum Boden lang aus und führen Sie das linke Bein in die Diagonale. Ihr Blick geht zum linken Knie, der Bauch bleibt flach. Kurz halten. **1**

Wichtig: Achten Sie auf maximalen Abstand zwischen Schultern und Ohren. Das Becken bleibt ruhig, die Neutrale Position stabil.

Ein Balanceakt | **PRAXIS**

Ein Balanceakt

Open Leg Rocker – Vorbereitung

Das *Rollen mit geöffneten Beinen* eignet sich nicht für Personen, die gravierende Probleme mit der Halswirbelsäule haben, und ist schwierig für Leute mit verkürzten hinteren Oberschenkeln. Deshalb: erst dehnen (S. 54 f.)!
Diese Übung kräftigt Ihren Körper ganz in der Tiefe und stärkt Ihre Körperbalance.

> Setzen Sie sich aufrecht hin. Die Füße sind aufgestellt, Ihre Hände umfassen von außen die Waden.

> Aktivieren Sie Ihr Powerhouse, dann lassen Sie den Bauchnabel weit nach hinten sinken, bis die Lendenwirbelsäule sich rundet, sich Ihr Gewicht leicht nach hinten verlagert und Sie die Füße abheben können. **2**

> Stabilisieren Sie erneut, integrieren Sie Ihre Schulterblätter, Ihr Hals zieht sich lang heraus.

> Strecken Sie nun ruhig und präzise Ihr rechtes Bein nach oben aus.

> Halten Sie das Bein kurz und strecken Sie dann auch das linke Bein aus. **3**

> Zwei bis drei Sekunden halten und wieder auflösen.

Wichtig: Halten Sie den Bauch flach! Lassen Sie die Schultern auf dem Brustkorb ruhen! Wenn Sie zu sehr wackeln, halten Sie Ihre Beine etwas näher bei den Knien fest!

3 2-mal

1 Je Seite 3-mal

Der Rücken – stark und beweglich

Der Stern I

Der »Stern« stärkt Ihre Körperwahrnehmung, erhöht die Koordinationsfähigkeit und stabilisiert Ihre Schultern.
- Bauchlage. Arme und Beine sind lang nach oben und unten ausgestreckt.
- Schieben Sie mit dem Einatmen Ihre Hände lang nach oben heraus.
- Mit dem Ausatmen stabilisieren Sie und ziehen die Schultern zurück; lassen Sie sie in Richtung Füße gleiten.
- Geben Sie dann einen leichten Druck auf beide Hände, Ihr Nacken streckt sich und Ihr Kopf hebt ab.
- Verlagern Sie das Gewicht auf die linke Hand und lassen Sie den rechten Arm fünf bis zehn Zentimeter zur Decke fließen. **1**
- Ein bis zwei Sekunden halten und wieder auflösen.

Wichtig: Lassen Sie Gesäß und Beine entspannt. Achten Sie darauf, die Schultern so weit wie möglich herunterzuziehen. Ihr Blick bleibt auf den Boden vor Ihnen gerichtet.

Variante: Der Stern II
- Legen Sie nun Ihre Hände übereinander und die Stirn auf die Hände.
- Aktivieren Sie Ihr Powerhouse mit dem Ausatmen, integrieren Sie Ihre Schultern.
- Geben Sie dann einen leichten Druck auf Ihren rechten Fuß, so dass sich Ihr Bein streckt, und heben Sie Ihr linkes Bein wenige Zentimeter lang ab. **2**
- Kurz halten und dann wieder ablegen. Das Becken bleibt stabil auf dem Boden liegen.

Wichtig: Achten Sie auf den Abstand zwischen Schultern und Ohren! Das Becken möchte auf der Seite des abgehobenen Beins ganz gerne mit nach oben. Lassen Sie es fest auf dem Boden liegen.

Der Rücken – stark und beweglich   PRAXIS

2 Je Seite 3-mal   **3** Je Seite 3-mal

Variante: Der Stern III
▸ Strecken Sie die Arme wieder in Bauchlage nach oben aus und schieben Sie die Hände mit dem Einatmen lang nach oben heraus.
▸ Aktivieren Sie mit dem Ausatmen Ihr Powerhouse, ziehen Sie bewusst die Schultern zurück, die Ellbogen bleiben gestreckt.

▸ Geben Sie Gewicht auf Ihre linke Hand und den rechten Fuß und heben Sie die rechte Hand und das linke Bein zusammen mit dem Kopf ab. **3**
Wichtig: Beachten Sie die Ausrichtung von Becken und Schultern wie oben beschrieben und üben Sie diese Variante erst, wenn Sie die ersten beiden Versionen wirklich beherrschen!

DAS PÄCKCHEN

Rückenübungen sollten immer mit einer Rundung des Rückens beendet werden! Gehen Sie also über die Unterarme in den Fersensitz und lassen Sie den Oberkörper für ein paar entspannte Atemzüge auf Ihren Oberschenkeln ruhen. Rollen Sie dann von der Lendenwirbelsäule aus wieder hoch.
Falls Ihnen diese Position schwer fällt, machen Sie bitte die Rückenstrecker-Dehnung (S. 57).

TIPP

MITTELSTUFE

1 **2** 3-mal

Small Arches

Die *Kleinen Bögen* mobilisieren die Wirbelsäule und kräftigen den Rückenstrecker und die Schulterstabilisatoren. Wenn Sie Probleme mit der Lendenwirbelsäule haben, sollten Sie aufpassen. Führen Sie die Übung sehr sanft aus und heben Sie nur wenige Zentimeter ab. Die »Small Arches« sind eine Herausforderung für Personen mit starkem Rundrücken!

› Bauchlage. Die Stirn liegt auf einem Handtuch, die Hände sind direkt neben Ihren Schultern aufgestellt, die Ellbogen dicht an den Brustkorb gezogen.
› Aktivieren Sie mit dem Ausatmen Ihr Powerhouse. **1**
› Lassen Sie die Schulterblätter am Rücken entlang in Richtung Füße gleiten und heben Sie mit langem Nacken den Kopf an.
› Geben Sie einen leichten Druck auf Hände und Ellbogen und schälen Sie nacheinander Kopf und Oberkörper vom Boden ab, die Ellbogen bleiben mit dem Boden verbunden.
› Halten Sie den Bauch flach und ziehen Sie sich im Nacken lang heraus. Ein bis zwei Sekunden halten. **2**

Wichtig: Vorsicht bei Schmerzen im unteren Rücken! Legen Sie sich wieder hin und heben Sie zunächst nur wenige Zentimeter ab; beim nächsten Mal vielleicht ein paar Zentimeter mehr.

! WICHTIG

IMMER WIEDER PÄCKCHEN!

Schließen Sie diese Übung unbedingt mit einem Päckchen (S. 77) ab! Und beobachten Sie sich beim Ausführen der Übung genau: Pikst es irgendwo oder stört Sie irgendetwas? Das darf nicht der Fall sein. Dann sollten Sie die Übung sofort abbrechen.

Heel Beats

Die *Fersenschläge* sorgen für die Kräftigung der Rückenpartie, der gesamten Gesäßmuskulatur und der hinteren Oberschenkel. Achtung! Hier variiert die Atmung. Sie führen die Schläge mit einem pumpenden Ausatmen durch, ganz so als wollten Sie einen Luftballon aufblasen.

> Bauchlage. Die Beine sind hüftbreit voneinander entfernt und lang ausgestreckt, Füße und Knie zeigen leicht nach außen. Die Hände liegen übereinander, die Stirn auf den Händen, die Schulterblätter sind integriert.
> Aktivieren Sie mit dem Ausatmen Ihr Powerhouse.
> Integrieren Sie noch einmal bewusst Ihre Schulterblätter, dann drücken Sie leicht Ihre Füße in den Boden, so dass die Knie abheben. Die Beine strecken sich und Sie heben beide Beine wenige Zentimeter ab. **3**
> Stabilisieren Sie erneut und führen Sie mit dem Ausatmen zackig und mit Druck die Fersen zueinander, ganz so, als hätten Sie den Luftballon zwischen Ihren Beinen.

Wichtig: Schließen Sie die Übung mit einem Päckchen (S. 77) ab.
Die Beckenstabilisatoren freuen sich zudem über eine Dehnung für die Gesäßmuskulatur (S. 65).

3 3 Sätze à 10 Schläge

MITTELSTUFE

Die Katze

Diese Übung kräftigt Ihre Rumpfstabilisatoren und gibt Ihnen eine aufrechte Haltung. Dehnen und strecken Sie sich wie eine Katze und machen Sie Ihre Wirbelsäule ganz lang und rund!

> Gehen Sie in den Vierfüßlerstand. Die Beine sind hüftbreit aufgestellt, die Hände direkt unter den Schultern, die Fingerspitzen zeigen geradeaus. Die Armbeugen schauen zueinander (falls nicht, bringen Sie Ihre Armbeugen bewusst und muskulär gehalten in diese Position, um zu vermeiden, dass die Ellbogengelenke während der Übung fehlbelastet und überdehnt werden).

> Ihre Handballen sind leicht in den Boden gedrückt, dadurch streckt sich der Arm und die Wirbelsäule »hebt« sich. Der Nacken ist lang, Ihre Wirbelsäule ist lang, beweglich und stabil wie eine Stahlfeder. **1**

> Stabilisieren Sie mit dem Ausatmen, indem Sie die Sitzbeinhöcker sanft zueinander ziehen, der Bauchnabel zieht sich von selbst zur Wirbelsäule.

> Dann rollt die Lendenwirbelsäule nach oben, der untere Rücken rundet sich, die Brustwirbelsäule rundet sich, Ihr Blick wandert zu den Knien. Die Schultern bleiben weit und offen. **2**

> Atmen Sie wieder ein und lösen Sie die Position auf: Das Steißbein zieht nach hinten heraus, der Nacken streckt sich und gleitet nach oben, der Bauch bleibt flach. Die Schultern sind weit und offen.

Wichtig: Falls die Handgelenke schmerzen, Gewicht mehr nach hinten verlagern!

5-mal

3 Je Seite 3-mal, immer abwechselnd

Das Nadelöhr

Diese Übung verdreht Ihre Wirbelsäule in sich, ganz so als würde sie wie ein Handtuch ausgewrungen. Die Wirbelsäule liebt diese Bewegung und braucht sie wesentlich häufiger, als sie im Alltag vorkommt. Die tief liegenden Rückenstabilisatoren sowie die großen Rückenmuskeln genießen zudem die Dehnung.

- Vierfüßlerstand. Die Beine sind hüftbreit aufgestellt, die Hände direkt unter den Schultern. Das meiste Gewicht ruht auf den Knien.
- Atmen Sie zur Vorbereitung ein.
- Mit dem Ausatmen stabilisieren Sie. Geben Sie Ihr Gewicht auf den linken Arm, heben Sie den rechten Arm ab und lassen Sie den rechten Handrücken am Boden entlang zwischen linkem Knie und linker Hand durchgleiten.
- Das Becken schieben Sie leicht nach rechts, der linke Arm beugt, die rechte Schulter nähert sich dem Boden, der Nacken bleibt lang. **3**
- Drei bis vier Sekunden halten und wieder zurückführen.

Wichtig: Halten Sie den Schultergürtel weit und offen. Achten Sie auf einen langen Nacken und ein stabiles Becken. Lassen Sie sich nicht vom Arm mit hinüberziehen.

MITTELSTUFE

1 5- bis 10-mal   **2** 5-mal

Schlanke Arme, straffe Beine, fester Bauch

Der trinkende Löwe

»Der trinkende Löwe« ist eine sanfte Variante der Liegestütze. Diese Übung, die die vordere und rückwärtige Arm- und Bauchmuskulatur kräftigt, ist allerdings im Gegensatz zur Liegestütze für jedermann gut machbar.

- Vierfüßlerstand. Ihre Wirbelsäule ist lang und gestreckt, die Schulterblätter sind integriert. Achten Sie auf einen weiten Abstand zwischen den Schulterblättern. Lassen Sie die Fingerspitzen zueinander schauen.
- Aktivieren Sie Ihr Powerhouse und beugen Sie mit langer Wirbelsäule die Ellbogen nach außen. Halten Sie den Nacken lang, die Schultern weit und offen. **1**
- Geben Sie einen leichten Druck auf die Handballen, so dass sich die Arme wieder strecken.

Variante: Der trinkende Löwe für den hinteren Oberarm
- Lassen Sie nun die Fingerspitzen geradeaus schauen und die Ellbogen nach hinten.
- Beugen Sie mit aktivem Powerhouse und langer Wirbelsäule Ihre Ellbogen in Richtung Füße. **2**
- Die Ellbogen drehen sich nicht nach außen, die Schultern bleiben integriert, der Nacken lang.
- Beugen Sie nur so weit, wie Sie die Position entspannt halten können und sich Ihr Gewicht nicht nach hinten verlagert.

Wichtig: Achten Sie auf die Schulterregion. Lassen Sie die Schultern nicht hoch und zusammenrutschen. Das Becken möchte sich gerne nach hinten schieben. Halten Sie die Position!

Schlanke Arme, straffe Beine, fester Bauch — PRAXIS

Leg Pulls Down – Vorbereitung

Das *Beinziehen nach unten* ist eine hervorragende Übung zur Kräftigung und Straffung Ihres gesamten Körpers. Sie verlangt ein äußerst stabiles Powerhouse.

> Vierfüßlerstand. Die Wirbelsäule ist lang, die Arme sind schulterbreit, die Beine hüftbreit aufgestellt, die Fingerspitzen zeigen nach vorne.

> Drücken Sie die Handballen bewusst in den Boden, so dass sich Nacken und Arme strecken und sich die Wirbelsäule auf Nacken- und Brustkorbhöhe hebt. Ihr Blick geht zwischen Ihren Fingerspitzen auf den Boden.

> Mit dem Ausatmen aktivieren Sie Ihr Powerhouse, geben einen leichten Druck auf den linken Fuß und schieben ihn am Boden entlang nach hinten heraus, bis der Fuß abhebt und Sie Zehen und Fußballen aufstellen können. **3**

> Halten Sie Ihr Powerhouse aktiv und schieben Sie auch das zweite Bein nach hinten raus, so dass Sie die Liegestützposition innehaben. **4**

> Ziehen Sie dann mit aktivem Powerhouse erst das linke Knie und dann das rechte Knie wieder zu sich zurück.

> Beginnen Sie nun mit dem anderen Bein.

> Halten Sie die Wirbelsäule lang und das Powerhouse aktiv.

Wichtig: Halten Sie Kopf und Nacken lang und den Blick zwischen Ihren Fingerspitzen. Man neigt dazu, den Kopf hängen und die Wirbelsäule zwischen den Schultern einsinken zu lassen.

3

4 Je Seite 6-mal

Starke Schultern, stabiles Becken

Shoulder Bridge – Vorbereitung

Die *Schulterbrücke* verbindet die Mobilisierung der Wirbelsäule mit einer Kräftigung für die hinteren Oberschenkel und Ihren Po. Ein echter Po-Heber!

> Neutrale Position. Ihre Hände liegen auf den Beckenschaufeln.
> Aktivieren Sie mit dem Ausatmen Ihr Powerhouse, indem Sie die Sitzbeinhöcker sanft zueinander ziehen, der Bauchnabel sinkt nach unten, die Lendenwirbelsäule rollt in den Boden, das Becken hebt ab und die Wirbelsäule rollt Wirbel für Wirbel hoch bis zur Mitte Ihres Brustkorbs. **1**
> Stabilisieren Sie noch einmal, geben Sie Ihr Gewicht auf den linken Fuß und heben Sie den rechten Fuß zehn Zentimeter vom Boden ab. Beide Beckenschaufeln bleiben stabil auf einer Höhe, Ihre Schultern sind ganz locker und entspannt. **2**
> Setzen Sie den Fuß ruhig und kontrolliert wieder ab, richten Sie gegebenenfalls das Becken wieder aus und heben Sie den linken Fuß ab.
> Stellen Sie den Fuß wieder auf, richten Sie das Becken aus und rollen Sie die Wirbelsäule wie eine Perlenkette wieder hinunter.

Wichtig: Halten Sie auf keinen Fall die Luft an! Atmen Sie entspannt und achten Sie auf einen lockeren Schultergürtel.

1
2 Je Seite 3-mal

Starke Schultern, stabiles Becken — PRAXIS

3 Je Seite 4-mal **4**

Torpedo

Verwandeln Sie Ihren Körper in einen Torpedo und strecken Sie ihn lang in zwei verschiedene Richtungen. Ein hervorragender Straffer für Beine und Körpermitte!

> Seitlage. Der untere Arm ist lang nach oben, die Beine sind lang nach unten und leicht nach vorn ausgestreckt. Zwischen Kopf und Arm schieben Sie ein zusammengefaltetes Handtuch. Der obere Arm ist auf Höhe der unteren Rippen vor Ihnen aufgestellt, die Schulter weit weg von den Ohren.

> Stabilisieren Sie mit dem Ausatmen und heben Sie das obere Bein 10 bis 15 Zentimeter ab.

> Aktivieren Sie erneut Ihr Powerhouse und lassen Sie auch das untere Bein gestreckt abheben. **3**

> Zählen Sie langsam von fünf rückwärts und legen Sie wieder ab.

Wichtig: Spüren Sie die Muskelarbeit mehr im unteren Rücken als in Taille oder Bauch? Dann bringen Sie Ihre abgehobenen Beine weiter nach vorn und das obere Becken weiter nach hinten. So erwischen Sie die Bauchmuskeln bestimmt.

Variante: Balance!

> Versuchen Sie doch einmal, den oberen Arm abzuheben und auch so die Balance zu halten. **4**

EINE WAND ZUR ORIENTIERUNG

Die optimale Ausrichtung können Sie am besten kontrollieren, indem Sie sich direkt an eine Wand legen. Schulter und Becken sollten in einer Linie, die Beine leicht nach vorn ausgestreckt liegen. Vorsicht: Nicht anlehnen! Nutzen Sie die Wand nur zur Orientierung.
Falls Sie ein starkes Gesäß haben, legen Sie sich ein Sofakissen hinter den oberen Rücken.

TIPP

MITTELSTUFE

Cool-down

Rolling like a ball

Das *Rollen wie ein Ball* ist eine Übung, die alle Pilates-Prinzipien in sich vereint, die Körperspannung verlangt, Spaß macht und die Wirbelsäule massiert!
Sie ist anspruchsvoller als man meint und sollte immer auf einer weichen Unterlage, am besten auf Ihrer Trainingsmatte, ausgeführt werden.

> Setzen Sie sich aufrecht hin, die Beine sind aufgestellt. Halten Sie die Beine in den Kniekehlen.
> Verlagern Sie Ihr Gewicht leicht nach hinten und ziehen Sie die Beine zu sich, so dass die Füße vom Boden abheben und sich die Wirbelsäule rundet. Ihre Ellbogen zeigen nach außen und die Schultern sind integriert.
> Atmen Sie zur Vorbereitung ein, mit dem Ausatmen stabilisieren Sie.
> Verstärken Sie die Rundung in der Lendenwirbelsäule, indem Sie die Knie näher zum Körper führen. Ihr

1   2   5-mal

Cool-down · PRAXIS

Blick geht in Richtung Schambeinfuge. Die Schultern sind weit und offen. **1**
> Rollen Sie mit rundem Rücken bis auf die Schulterblätter, halten Sie Kopf und Hals dabei oben. **2**
> Lassen Sie das Brustbein ebenso flüssig wieder nach vorne rollen.
> Halten Sie die Balance. Die Füße nicht aufsetzen!

Wichtig: Halten Sie konstant die Rundung der Wirbelsäule. Holpert's beim Zurückrollen, holen Sie zu viel Schwung mit den Beinen; lassen Sie stattdessen Ihre Nase nach vorne kommen.
Rollen Sie nicht zu weit nach hinten, das belastet die Halswirbelsäule. Nur bis auf die Schulterblätter! Und üben Sie immer mit Matte!

Variante: Klein und kompakt!
> Umfassen Sie mit den Händen Ihre Schienbeine. Das fordert die Bauchmuskulatur umso mehr! **3**

Fortgeschrittene – Pilates für Könner

Willkommen beim Original-Pilates! Das folgende Kapitel beinhaltet ausschließlich Übungen, die Joseph Pilates selbst entwickelt hat. Wenn Sie bis hierher gelangt sind, werden Sie bereits einen echten Pilates-Weg hinter sich haben, durch den Sie Ihren Körper optimal auf die Originalübungen vorbereitet und gekräftigt haben.

Jetzt wird es richtig ernst. Nach den vorbereitenden Einsteiger- und Mittelstufeübungen sind Sie bestens gerüstet, Ihrem Körper den letzten Schliff zu geben. Aber lassen Sie sich Zeit! Auch für die Fortgeschrittenenübungen gilt: Eilen Sie nicht zu schnell voran und vergessen Sie die »leichten« Übungen nicht! Integrieren Sie die bereits bekannten Übungen mehrere Wochen lang in Ihr Training, um so die Muskulatur schonend über einen längeren Zeitraum hinweg von innen nach außen zu kräftigen. Übergehen Sie diesen Schritt, vernachlässigen Sie die Tiefenstabilisatoren und schwächen die Muskelbalance. Hören Sie auf Joseph Pilates, der oft sagte: »Rom wurde nicht an einem Tag gebaut.« Will heißen: Seien Sie geduldig mit sich selbst!

Warm-up

The Hundreds III

Diese Version der *Hundert* verlangt die ganze Stärke Ihres Powerhouse. Sie stabilisiert Rumpf und Schulter und kräftigt Bauch, Arme und Oberschenkel.

> Neutrale Position. Die Arme liegen neben Ihnen. Die Beine sind abgehoben und im Knie im rechten Winkel gebeugt.
> Atmen Sie zur Vorbereitung in die unteren Rippen.
> Aktivieren Sie dann Ihr Powerhouse, führen Sie das Kinn zum Brustbein, Ihr Kopf hebt ab, die Arme schicken Sie lang nach unten heraus, die Lendenwirbelsäule verschmilzt sanft mit dem Boden und die Beine strecken Sie in eine leichte Diagonale. **1**
> Ihr Blick ruht auf der Schambeinfuge.
> Pumpen Sie mit dem Oberarm.

Wichtig: Halten Sie Ihre Hals-Nacken-Schulter-Partie entspannt. Leisten Sie die meiste Arbeit in den Schultern oder können Sie die Beine nicht gestreckt halten, kehren Sie zur vorherigen Version von »The Hundreds« (S. 71) zurück.

1 5-mal auf dem Ein-, 5-mal auf dem Ausatmen | maximal 20 Sätze

Roll-ups and -downs

Das *Auf- und Abrollen* ist eine gute Übung, um die Verbindungen zwischen den einzelnen Wirbeln zu »ölen«. Gleichzeitig werden Bauch und Schultern gekräftigt und der Rücken gedehnt. Wenn Sie die Fotos 1 bis 3 vorwärts und wieder rückwärts lesen, erhalten Sie eine Bewegungsfolge.

> Rückenlage. Die Beine sind lang nach unten ausgestreckt, die Arme lang nach oben. **1**
> Aktivieren Sie mit dem Ausatmen Ihr Powerhouse.
> Heben Sie mit festem Powerhouse mit dem Einatmen die Arme ab.
> Dann geht das Kinn zum Brustbein, der Kopf hebt ab und Sie lassen mit dem Ausatmen Ihre Wirbelsäule Wirbel für Wirbel hochrollen. **2**
> Schieben Sie die Arme parallel zum Boden mit rundem Rücken in Richtung Füße, während Ihr Blick auf Ihren Knien ruht und Sie Ihre Fersen weit nach unten herausschieben. **3**
> Halten Sie Ihren Bauch fest und flach und rollen Sie zurück, indem Sie die Sitzbeinhöcker zueinander ziehen. Dann rollt die Lendenwirbelsäule sanft nach hinten und die Wirbelsäule rollt Wirbel für Wirbel langsam wieder zurück.
> Der Bauch bleibt flach, die Schultern integriert.

WANDERNDE FERSEN

Wichtig: Lassen Sie Ihre Schultern weit weg von den Ohren. Versuchen Sie nicht, die Rundung der Wirbelsäule zu erreichen, indem Sie den Kopf nach vorne schieben, sondern ziehen Sie beim Herunterrollen bewusst Ihre Fersen mit sich und drücken Sie sie leicht in den Boden.

Variante: Handflächen nach oben
- Beim Herunterrollen mit gestreckten Armen hilft es Ihnen, wenn Sie für die Schulterstabilisierung die Handflächen nach oben schauen lassen.
- Falls Ihnen die Bewegung noch schwer fällt, können Sie sich beim Rollen helfen, indem Sie Ihre Hände hinter den Oberschenkeln verankern.

Beim Herunterrollen funktioniert folgender Trick hervorragend: Setzen Sie sich so hin, dass Ihre Fersen nicht auf der Matte, sondern auf dem Boden liegen. Stabilisieren Sie mit dem Ausatmen und beginnen Sie die Rollbewegung, indem Sie die Fersen zu sich ziehen, ganz so als wollten die Füße zurück auf die Matte oder in Ihren Hosenbeinen verschwinden. Dadurch rundet sich die Wirbelsäule fast automatisch!

TIPP

3 | 3-mal

Roll-over

Das *Überrollen* ist eine wunderbare Übung zur Mobilisierung und Massage Ihrer Wirbelsäule. Sie kräftigt Bauch, Rücken und Arme, dehnt die hinteren Oberschenkel, den Po und die Rückenstrecker und strafft alle beteiligten Partien. Dafür verlangt sie allerdings ein großes Maß an Körperspannung und eine starke Bauchmuskulatur. Machen Sie diese Übung bitte nicht, wenn Sie Nackenprobleme haben.
Die Fotos ergeben in der Reihenfolge 1 – 2 – 3 – 2 – 1 eine Bewegungsfolge.

> Neutrale Position. Die Beine sind geschlossen und lang nach oben gestreckt. Die Arme liegen dicht am Körper. **1**
> Atmen Sie zur Vorbereitung ein, mit dem Ausatmen aktivieren Sie Ihr Powerhouse.
> Drücken Sie die Handflächen sanft in den Boden, führen Sie die Beine in eine Diagonale hinter den Kopf.
> Heben Sie das Becken durch die Muskelkraft des Powerhouse und mit Hilfe der Arme und rollen Sie Ihre Wirbelsäule Wirbel für Wirbel nach hinten.
> Rollen Sie bis zur Mitte des Brustkorbs, die Beine sind lang ausgestreckt, etwas höher als horizontal. **2**
> Halten Sie Ihr Powerhouse fest, schicken Sie die Fersen lang heraus und öffnen Sie die Beine hüftbreit. **3**
> Drücken Sie Ihre Handgelenke fest in den Boden und schieben Sie die Arme lang nach unten heraus.
> Rollen Sie nun langsam wieder in die Ausgangsposition zurück.

Wichtig: Achten Sie auf die Position von Kopf, Nacken und Schultern. Der Kopf sollte unbedingt liegen bleiben. Falls er das nicht tut, so greifen Sie bitte zu den leichteren Varianten unten und trainieren Ihren hinteren Oberarm mit den Übungen

Warm-up | **PRAXIS**

3 3-mal

»Der trinkende Löwe« (S. 82) und »Leg Pulls Down« (S. 83). Halten Sie den Nacken so lang wie möglich. Eine ordentliche Position Ihrer Hände (die Arme dicht beim Körper, die Handgelenke mit dem Boden verschmolzen, die Fingerspitzen weit raus nach unten) hilft Ihnen beim Herunterrollen. Halten Sie den Bauch wirklich flach!
Variante: Gebeugte Knie, weicher Ball
› Die Übung ist leichter, wenn Sie beim Herunterrollen ab dem Punkt, wo Sie meinen, die Position nicht mehr sauber halten zu können, die Knie leicht beugen.
› Eine dicke Handtuchrolle oder ein weicher, nur halb aufgeblasener Wasserball unter dem Becken ersparen Ihnen, bis der Bauch stärker ist, die letzten paar Wirbel!

Single Leg Circles

Die *Einzelnen Beinkreise* stabilisieren Becken und Rumpf und kräftigen Po und Bauch. Zur Vorbereitung dienen die »Kleinen Kniekreise« (S. 48).
- Rückenlage. Beine und Arme sind lang nach unten ausgestreckt.
- Atmen Sie zur Vorbereitung ein, mit dem Ausatmen ziehen Sie den Beckenboden hoch, der Bauchnabel fällt sanft zur Wirbelsäule.
- Ziehen Sie entspannt das linke Bein zu sich und strecken es zur Decke aus.
- Halten Sie das Powerhouse fest und aktiv und malen Sie mit dem ausgestreckten Bein und möglichst ruhigem Becken kleine Kreise an die Decke. Das rechte Bein bleibt lang gestreckt. Atmen Sie bewusst dann aus, wenn Sie das Bein von sich weg führen. **1**
- Je größer die Kreise, desto stärker ist das Powerhouse gefordert.
- Malen Sie jeweils fünf Kreise pro Richtung und wechseln Sie dann das Bein.

Wichtig: Ihre Arme sollten völlig entspannt und ohne Druck mit dem Boden verschmelzen. Die Stabilität sollte unbedingt aus dem Becken kommen.

Variante: Gebeugte Knie
- Falls es Ihnen schwer fällt, das Bein wirklich gestreckt in die Vertikale zu bringen, können Sie entweder das am Boden liegende Bein aufstellen oder das nach oben gestreckte Bein leicht beugen und das Knie etwas zu sich ziehen. **2**

1 5-mal jede Richtung **2**

Stärkung für das Powerhouse PRAXIS

3

4 Je Seite 4- bis 5-mal

Stärkung für das Powerhouse

Single Leg Stretch II

Die schwierigere Version des *Strecken für ein Bein* strafft und stärkt Powerhouse und Beine und ist eine große Herausforderung für Ihre Koordinationsfähigkeit.

- Neutrale Position. Die Beine sind abgehoben, die Knie im rechten Winkel gebeugt, die Hände liegen an den Knien.
- Aktivieren Sie mit dem Ausatmen Ihr Powerhouse, dann hebt der Oberkörper ab, die Lendenwirbelsäule verschmilzt mit dem Boden. 3
- Die linke Hand fasst von außen nahe beim Knöchel um das linke Bein, die rechte Hand von innen an das Knie, mit beiden zusammen ziehen Sie das Knie leicht zu sich hin, während sich das rechte Bein in die Diagonale streckt. 4
- Der Bauch bleibt flach, die Schultern integriert, der Rumpf stabil.
- Mit dem Einatmen ziehen Sie das rechte Bein wieder zurück und halten beide Knie kurz gebeugt.
- Mit dem nächsten Ausatmen wechseln, Kopf und Schulterpartie legen zwischendurch nicht ab. Die Bewegungen sind langsam und präzise.

Wichtig: Ihre Körperspannung soll bis in das gestreckte Bein gehen. Stellen Sie sich vor, dass Sie mit den Zehen einen Lichtschalter drücken.

FORTGESCHRITTENE

4-mal

Double Leg Stretch II

Die zweite Version des *Strecken für beide Beine* ist eine sehr anspruchsvolle Herausforderung für Ihren Bauch. Befolgen Sie unbedingt die Anweisungen.

> Neutrale Position. Die Beine sind abgehoben und im Knie im rechten Winkel gebeugt. Die Arme ruhen entspannt neben Ihnen.

> Aktivieren Sie mit dem Ausatmen Ihr Powerhouse, atmen Sie mit stabilem Powerhouse ein und bringen Sie das Kinn zum Brustbein, heben Sie den Kopf ab und schieben Sie die Hände weit nach unten heraus, so dass die Arme sich lang strecken und ein paar Zentimeter abheben. Strecken Sie die Beine zur Decke. **1**

> Halten Sie die Rundung im oberen Rücken und den Bauch flach, lassen Sie den Blick auf der Schambeinfuge und führen Sie mit dem Ausatmen die Arme lang gestreckt hinter den Kopf. **2**

> Ein bis zwei Sekunden halten, Arme wieder zurückführen und auflösen.

Wichtig: Verlieren Sie nicht die Rundung im oberen Rücken, wenn die Arme nach hinten fließen. Achten Sie auf weite Schultern und viel Platz für den Hals!

Je Seite 4- bis 5-mal

Single Straight Leg

Das *Einzelne gestreckte Bein* kräftigt Ihr Powerhouse, insbesondere Ihre schrägen Bauchmuskeln, und strafft die Beine.

> Neutrale Position. Die Beine sind abgehoben, die Knie angewinkelt, die Hände liegen seitlich an den Knien.
> Atmen Sie ein, mit dem Ausatmen aktivieren Sie Ihr Powerhouse.
> Das Kinn geht zum Brustbein, der Kopf hebt ab, die Wirbelsäule verschmilzt mit dem Boden und Sie strecken die Beine lang nach oben aus.
> Halten Sie das Powerhouse stabil, umfassen Sie den linken Unterschenkel mit beiden Händen und ziehen Sie das Bein gestreckt sanft zu sich, während Sie das andere Bein senken. Der Bauch bleibt dabei flach, der Schultergürtel weit und offen, die Ellbogen zeigen nach außen, der Blick ruht auf der Schambeinfuge.
> Atmen Sie ein und führen Sie beide Beine zurück nach oben, mit dem Ausatmen stabilisieren Sie noch einmal und wechseln dann das Bein.

Wichtig: Halten Sie Ihren Rumpf möglichst ruhig. Er sollte fest mit dem Boden verbunden sein.

FORTGESCHRITTENE

Mobile Wirbelsäule, straffer Bauch

Criss-Cross

Der *Zickzack* kräftigt Ihren gesamten Körper und mobilisiert die Wirbelsäule. Ihre schrägen Bauchmuskeln werden bei dieser Übung ordentlich herausgefordert.

> Neutrale Position. Die Beine sind abgehoben, die Knie angewinkelt, die Hände sind hinter dem Kopf verschränkt.
> Atmen Sie zur Vorbereitung ein, mit dem Ausatmen aktivieren Sie Beckenboden und Bauch.
> Dann geht das Kinn zum Brustbein, der Kopf hebt ab, die Lendenwirbelsäule verschmilzt mit dem Boden. **1**
> Führen Sie den linken Ellbogen zum rechten Knie und strecken Sie das linke Bein in eine Diagonale lang aus. **2**
> Atmen Sie ein, führen Sie das Bein zurück und richten den Schultergürtel wieder gerade, so dass Ihr Blick auf der Schambeinfuge ruht.
> Stabilisieren Sie mit dem Ausatmen erneut und wechseln Sie die Seite. Der Rumpf bleibt so ruhig wie möglich und mit dem Boden verschmolzen, der Schultergürtel weit und offen und der Bauch flach.

Wichtig: Halten Sie die Schultern integriert, also weit weg von den Ohren. Klappen Sie den Ellbogen, wenn er zum Knie geht, nicht nach innen, sondern führen Sie den ganzen Schultergürtel herum. Bei dieser Übung ist es besonders wichtig, den Körper mit dem Boden eins werden zu lassen. Denn: Je stabiler der Rumpf ist, desto effektiver ist auch die Baucharbeit.

Abwechselnd jede Seite 3-mal

3 **4** Abwechselnd jede Seite 3-mal

Saw

Der Name *Säge* ergibt sich aus der leicht federnden Bewegung, mit der diese Übung ausgeführt wird. Sie stabilisiert das Becken und mobilisiert die Wirbelsäule. Sie dehnt die hinteren Oberschenkel, die Taille und die gesamte Rückenmuskulatur.

> Setzen Sie sich aufrecht hin. Die Beine sind lang ausgestreckt und leicht geöffnet, die Fersen nach unten herausgeschoben. Fersen und Sitzbeinhöcker verschmelzen mit dem Boden. Die Arme sind auf Schulterhöhe zu den Seiten ausgestreckt, so dass Sie Ihre Hände aus den Augenwinkeln noch gut sehen können.

> Aktivieren Sie Ihr Powerhouse, dann drehen Sie den gesamten Schultergürtel nach links und legen die rechte Hand an Ihr äußeres, linkes Schienbein, der linke Arm fließt nach hinten und schräg oben. Ihr Blick ruht auf Ihrer linken Hand. **3**

> Atmen Sie bewusst in die unteren Rippen und schieben Sie die rechte Hand am Schienbein entlang in drei kleinen Schritten (jedes Ausatmen fünf bis sechs Zentimeter) bis hinunter zum Knöchel. **4**

> Halten Sie die Beine gestreckt, die Knie schauen nach oben und das Gewicht bleibt fest auf beiden Pobacken.

> Einen langen Atemzug halten und wieder auflösen.

Wichtig: Halten Sie die Schultern weit und offen. Falls Sie Spannung im Nacken spüren, legen Sie die linke Hand direkt neben Ihrem Becken auf den Boden, die Fingerspitzen zeigen nach vorn. Der Blick ruht immer noch auf der linken Hand.

Open Leg Rocker

Das *Rollen mit geöffneten Beinen* kräftigt von oben bis unten, stärkt die Körperbalance und die Tiefenstabilisatoren und richtet Ihren Körper auf. Schauen Sie sich zur Erinnerung noch einmal die Vorbereitung auf Seite 75 an.
Die Bewegungsfolge für den Open Leg Rocker zeigen die Fotos 1 – 2 – 3 – 2 – 1.

> Setzen Sie sich aufrecht hin. Ihre Hände umfassen von außen die Schienbeine möglichst nahe dem Knöchel, die Ellbogen zeigen nach außen, die Schultern sind integriert, die Wirbelsäule verlängert sich in Richtung Decke nach oben.
> Atmen Sie zur Vorbereitung in die unteren Rippen und aktiveren Sie Ihr Powerhouse.
> Verlagern Sie leicht Ihr Gewicht nach hinten, indem Sie die Knie zu sich heranziehen, so dass Sie die Beine abheben können, und strecken Sie nacheinander beide Beine V-förmig geöffnet nach oben aus. **1**
> Atmen Sie mit stabilem Powerhouse wieder ein, schicken Sie Ihren Blick auf die Schambeinfuge. Verlagern Sie Ihren Bauchnabel weiter nach hinten. **2**
> Rollen Sie über die Wirbelsäule rückwärts bis zum Schultergürtel, so dass die Schulterblattspitzen gerade den Boden berühren, Kopf und Hals bleiben abgehoben. **3**

> Mit dem Einatmen rollen Sie wieder zurück – das Brustbein führt. Arme und Beine bleiben lang, der Bauch flach, die Schultern integriert.
> Rollen Sie zurück bis zu Ihrem Balance-Punkt, also bis zu dem Punkt, an dem Sie Arme und Beine lang gestreckt in der Luft halten können, und versuchen Sie, diese Position für zwei bis drei Sekunden zu halten.
> Die Beine bleiben die ganze Zeit über abgehoben, lang ausgestreckt und werden von Ihren Händen gehalten.
> Beginnen Sie dann die nächste Rollbewegung, indem Sie wieder den Bauchnabel und damit Ihren Schwerpunkt nach hinten verlagern.

Wichtig: Achten Sie auf die Stabilisierung der Schultern! Halten Sie Arme und Beine lang, das hilft bei der Stabilisierung des Rumpfes.
Rollen Sie nicht zu weit, sonst gefährden Sie Ihren Nacken. Falls es Ihnen schwer fällt, mit gestreckten Beinen die Spannung zu halten, fassen Sie die Beine nicht an den Knöcheln, sondern an den Waden. Beginnen Sie die Rückwärtsbewegung unbedingt von der Lendenwirbelsäule ausgehend, damit es wirklich eine Rollbewegung wird. Lehnen Sie sich nicht mit Kopf und Schultern nach hinten, dann verlieren Sie eher die Rundung im Rücken und die Bewegung wird holprig.

Mobile Wirbelsäule, straffer Bauch — **PRAXIS**

3 5-mal

1   Abwechselnd jede Seite 4-mal

Starker Rücken, fester Po

Single Heel Kick

Die *Einzelnen Fersenschläge* sind eine hervorragende Stabilisierung für Ihr Becken und geben Ihnen ein gutes Gefühl für die Haltung Ihrer Schultern. Sie kräftigen Gesäß, Rücken und Schultern, dehnen die vorderen Oberschenkel und fördern Ihre aufrechte Haltung.

> Bauchlage. Die Unterarme sind aufgestellt und in einer weiten V-Position, die Hände liegen ineinander, die Ellbogen zeigen nach außen. Die Beine sind lang nach unten ausgestreckt. Ziehen Sie Ihre Wirbelsäule lang und geben Sie bewusst Druck auf Ihre Ellbogen, so dass sich der Nacken streckt und die Wirbelsäule sich leicht »hebt«. Ihr Blick ruht auf den Händen.

> Aktivieren Sie mit dem Ausatmen Ihr Powerhouse.

> Beugen Sie Ihr rechtes Bein und geben Sie mit der Ferse drei leichte, präzise »Schläge« in Richtung rechtes Gesäß. Die Wirbelsäule bleibt lang und das Becken bewegt sich dabei nicht. Die Schläge haben Druck, so als wollten Sie einen Ballon zusammenpressen. **1**

Wichtig: Achten Sie auf die Position Ihres Oberkörpers. »Hängen« Sie nicht wie eine Hängematte zwischen Ihren Schultergelenken, sondern drücken Sie die Schultern nach unten, so dass sich Raum bildet zwischen Ihren Schulterblättern. Lassen Sie den Nacken lang. Die Beckenseite des schlagenden Beins darf nicht abheben!

Double Heel Kick

Bei den *Doppelten Fersenschlägen* ist Vorsicht geboten für Ihren unteren Rücken. Arbeiten Sie mit minimalem Kraftaufwand!
Die Übung kräftigt den gesamten Rücken, insbesondere den mittleren Rücken und die Rückenstrecker, sowie Gesäß und Beine, sie dehnt außerdem die Brustmuskulatur.

> Bauchlage. Die Beine sind ausgestreckt, die Arme hinter dem Rücken verschränkt und angewinkelt und so weit wie möglich hochgezogen zu den Schulterblättern. Die eine Hand umfasst die andere. Ihre rechte Wange liegt auf einem zusammengefalteten Handtuch.

> Mit dem Ausatmen aktivieren Sie Ihr Powerhouse, beugen die Knie und geben mit beiden Beinen drei leichte Schläge in Richtung Gesäß. Die Schläge haben Druck, die Schambeinfuge bleibt liegen. **2**

> Schieben Sie nun mit stabilem Powerhouse die miteinander verschränkten Hände und die Füße lang nach unten heraus, so dass sich Arme und Beine strecken und gemeinsam mit Oberkörper und Kopf abheben. **3**

> Einen langen Atemzug halten und mit der linken Wange nach unten Kopf und Körper wieder ablegen.

Wichtig: Die Schambeinfuge bleibt während der Schläge fest auf dem Boden.

Abwechselnd jede Seite 3-mal

FORTGESCHRITTENE

Swimming

Das *Schwimmen* vereint die einzelnen Bestandteile der Stern-Varianten (S. 76 f.) miteinander. Dadurch wird's schwieriger, aber die gesamte Rücken- und Bauchmuskulatur profitiert davon, insbesondere die Stabilisatoren werden gekräftigt.

› Bauchlage. Arme und Beine sind nach oben und unten lang ausgestreckt.
› Atmen Sie zur Vorbereitung ein und schieben Sie die Hände sanft nach oben.
› Aktivieren Sie Ihr Powerhouse, ziehen Sie die Schulterblätter zurück, geben Sie einen leichten Druck auf die ausgestreckten Füße, so dass sich die Knie strecken, und heben Sie gleichzeitig Arme, Beine und Kopf wenige Zentimeter an. Der Nacken bleibt lang, Ihr Blick ist auf den Boden vor Ihnen gerichtet.
› Halten Sie Arme und Beine während der Übung lang gestreckt und paddeln Sie mit Armen und Beinen diagonal abwechselnd ruhig und präzise. Der Bauch ist flach, die Schultern weit weg von den Ohren und der Rumpf stabil. **1**
› Zählen Sie während des Paddelns langsam von fünf rückwärts und legen Sie wieder ab.

Wichtig: Halten Sie das Becken möglichst ruhig und die Beine lang gestreckt. Nur allzu gerne paddelt man hier »aus dem Knie«. Achten Sie auf stabile Schultern mit maximalem Abstand zu den Ohren!

1 2-mal

2 Je Seite 3-mal

Spine Twist

Der *Wirbelsäulen-Dreher* vereint die Aufrichtung der Wirbelsäule mit der gleichzeitigen Verdrehung. Eine gute Übung zur Stabilisierung des Beckens und für eine aufrechte Haltung!

- Setzen Sie sich aufrecht hin. Die Beine sind lang ausgestreckt, Ihre Fersen sind weit nach unten herausgeschoben, Sitzbeinhöcker und Füße fest mit dem Boden verbunden. Die Arme sind auf Schulterhöhe so zu den Seiten ausgestreckt, dass Sie Ihre Hände gut aus den Augenwinkeln sehen können. Der Nacken ist lang und entspannt. Stellen Sie sich vor, Ihre Wirbelsäule sei durch einen imaginären Marionettenfaden mit der Decke verbunden.
- Aktivieren Sie mit dem Ausatmen Ihr Powerhouse, dann beginnt Ihr Schultergürtel mit einer Drehung nach rechts. Die Schultern gehen nach rechts, dann Brustkorb und Taille, nur so weit, dass das Becken sich nicht bewegt. **2**
- Halten Sie die Position für einen entspannten Atemzug und lösen Sie sie wieder auf.

Wichtig: Achten Sie auf eine aufrechte Haltung, denken Sie sich Ihren Körper als Schraube, die sich aus einem Dübel herausschraubt. Halten Sie das Becken stabil und den Schultergürtel offen. Falls Sie mit gestreckten Beinen »hinter« den Sitzbeinhöckern sitzen, die Lendenwirbelsäule rund ist und Sie sich in der Leiste verkrampfen, ziehen Sie die Fersen etwas zu sich heran, so dass sich die Knie nach oben beugen. Führen Sie die Übung dann mit gebeugten Beinen aus.

Der Körper in Balance

Teaser

Hier nun die originale *Harte Nuss*. Sie verlangt einen wirklich stabilen Rumpf und fordert den ganzen Körper heraus. Personen mit Rückenproblemen oder einem starken Hohlrücken sollten die Übung vorsichtig angehen.

> Beginnen Sie in der Neutralen Position. Die Arme liegen entspannt neben Ihnen, die Beine sind abgehoben und in den Knien angewinkelt. **1**

> Atmen Sie zur Vorbereitung ein. Mit dem Ausatmen aktivieren Sie Ihr Powerhouse, strecken die Beine lang nach oben aus, lassen die Lendenwirbelsäule mit dem Boden verschmelzen und senken die Beine wieder ein paar Zentimeter. **2**

> Halten Sie Ihr Powerhouse fest, schieben Sie die Hände lang nach unten heraus, das Kinn geht zum Brustbein, der Kopf hebt ab, die Hände ziehen in Richtung Füße und Sie rollen über die Wirbelsäule bis zu einer stabilen Position hoch, so dass die gestreckten Arme und Beine gemeinsam in eine Diagonale zeigen.

> Der Bauch bleibt flach, die Schultern integriert, der Nacken lang und die Wirbelsäule leicht gerundet. Die Beine sind gestreckt und Ihr Blick ruht auf Ihren Füßen. **3**

> Halten Sie die Position ein bis zwei Sekunden und legen Sie Oberkörper und Beine gleichzeitig wieder ab.

Wichtig: Lassen Sie den Schultergürtel weit und offen und so entspannt wie möglich.

Achten Sie auf die Rundung der Wirbelsäule. Sie hilft Ihnen, Ihre Position zu halten. Spüren Sie, auch wenn die Wirbelsäule abgehoben ist, noch die Verbindung Ihres Rückens mit dem Boden.

Variante: Alle viere zugleich
Wenn Sie die erste Version beherrschen, können Sie sich noch steigern:

> Startposition ist die Neutrale Position. Arme und Beine sind nach unten ausgestreckt.

> Sie stabilisieren mit dem Ausatmen und heben dann gleichzeitig Beine, Arme und Kopf. Arme und Beine führen Sie in die Diagonale.

! WICHTIG

ENTSPANNTER HALS – STARKER BAUCH

Falls Sie bei den Bauchübungen noch Spannungen im Hals verspüren, kehren Sie bitte zu den einfacheren Basisübungen zurück (»Curl-ups«, S. 58, »Seitliche Curl-ups«, S. 59, »Nasenkreise«, S. 60), um Ihre Stabilisatoren noch einmal zusätzlich zu stärken.

Der Körper in Balance   PRAXIS

1

2

3 4-mal

Schlanke Taille, gesundes Becken

Side Kicks Series

Die *Übungsserie Seitschläge* stärkt den kompletten Rumpf und strafft Beine und Taille. Außerdem hilft sie, ein Gefühl für eine aufrechte Körperhaltung zu entwickeln – und das sogar im Liegen.

> Begeben Sie sich in Seitlage. Der untere Arm ist lang nach oben ausgestreckt, zwischen Arm und Kopf liegt ein gefaltetes Handtuch. Die obere Hand ist auf Bauchnabelhöhe aufgestellt, die Schulter weit weg von den Ohren. Die Beine sind lang ausgestreckt, aber nicht in einer Linie mit der Wirbelsäule, sondern um etwa 30 Grad nach vorne geschoben.

Die Knie ruhen aufeinander, die untere Taille ist abgehoben (schieben Sie zum Test Ihre obere Hand zwischen Taille und Boden). **1**

> Aktivieren Sie mit dem Ausatmen Ihr Powerhouse und heben Sie das obere Bein so weit ab, dass es parallel zum Boden ist. Halten Sie den Bauch flach, die obere Schulter bewusst weit weg von den Ohren. **2**

> Führen Sie das gestreckte Bein mit herausgeschobener Ferse parallel zum Boden so weit nach vorn, wie Sie im Rumpf komplett stabil bleiben können. **3**

> Strecken Sie die Zehenspitzen lang aus und führen Sie das Bein immer noch in der Horizontalen so weit nach hinten, wie der Rumpf wiederum ruhig und entspannt bleiben kann.

Wichtig: Achten Sie darauf, dass das Bein sowohl vorne als auch hinten in der Horizontalen bleibt. Man neigt dazu, das Bein vorne zu senken und hinten zu heben. Halten Sie den Rumpf stabil in einer Linie. Allzu gern »lehnt« man den Oberkörper, wenn das Bein nach vorne geht, nach hinten und umgekehrt.

Lassen Sie das Bein gestreckt und achten Sie darauf, dass das Becken nicht mit nach vorn bzw. hinten schwingt.

Variante: Beinkreise

> Aktivieren Sie mit dem Ausatmen Ihr Powerhouse und heben Sie das obere Bein so weit ab, dass es parallel zum Boden ist.

> Halten Sie den Rumpf stabil, atmen Sie entspannt weiter und zeichnen Sie mit dem gestreckten Bein Kreise in die Luft. **4**

Wichtig: Lassen Sie die obere Beckenschaufel nicht nach hinten rollen, sondern halten Sie sie bewusst über der anderen Beckenschaufel.

TIPP

DAS BECKEN NACH VORN!

Rollen Sie die obere Beckenschaufel doch einmal bewusst leicht nach vorne und führen Sie die Bewegung aus. Wird sie intensiver? Effektiver? Dann sind Sie an der richtigen Stelle!

3 Je Richtung 3-mal

4 Je Richtung 10-mal

Shoulder Bridge

Die *Schulterbrücke* ist eine Übung, die ein sehr präzises Arbeiten erfordert. Sie kräftigt Po und Oberschenkel, stabilisiert den Rumpf und mobilisiert die Wirbelsäule. Schauen Sie sich, bevor Sie loslegen, noch einmal die Vorbereitung der »Shoulder Bridge« von Seite 84 an.

> Neutrale Position. Die Hände ruhen auf den Beckenschaufeln.

> Aktivieren Sie mit dem Ausatmen Ihr Powerhouse, indem Sie die Sitzbeinhöcker zueinander gehen lassen, der Bauchnabel fällt zur Wirbelsäule, dann rollt die Lendenwirbelsäule in den Boden, das Becken hebt ab und Sie rollen die Wirbelsäule Wirbel für Wirbel bis zur Mitte des Brustkorbs. **1**

> Geben Sie Ihr Gewicht bewusst auf den linken Fuß und strecken Sie das rechte Bein mit herausgeschobener Ferse auf Kniehöhe lang aus. **2**

> Atmen Sie ein, um das gestreckte Bein mit gestrecktem Fuß zur Decke zu bringen. **3**

> Atmen Sie aus, um das gestreckte Bein mit herausgeschobener Ferse wieder auf Kniehöhe zu senken.

> Wiederholen Sie die Hebe- und Senkbewegung noch einmal.

> Führen Sie die Bewegung langsam und präzise aus, atmen Sie weich und entspannt. Der Schultergürtel verschmilzt mit dem Boden, das Becken bleibt auf einer Höhe, der Bauch flach.

> Dann den Fuß langsam und kontrolliert wieder aufsetzen und die Wirbelsäule wie eine Perlenkette wieder abrollen.

> Anschließend Beinwechsel.

Wichtig: Lassen Sie keine Spannung in die Schultern kriechen! Achten Sie darauf, dass das Becken während der Übung nicht »absinkt«, drücken Sie dafür bewusst den Standfuß in den Boden, die Hände helfen Ihnen, Ihre Position zu kontrollieren. Rollen Sie sauber über Ihre Wirbel!

TIPP

ZUM AUSGLEICH DEHNUNG

Die »Shoulder Bridge« beansprucht sehr stark die hinteren Oberschenkel. Gönnen Sie Ihren Beinen deshalb anschließend eine Dehnung (S. 54 f.).

Falls Ihr Becken noch arg absinkt oder kippt, kehren Sie bitte noch einmal zurück zur »Shoulder Bridge – Vorbereitung« (S. 84) oder zur »Auster« (S. 65), beide Übungen stimulieren Ihre Beckenstabilisatoren.

Schlanke Taille, gesundes Becken   **PRAXIS**

1

2

3 2-mal | 3 Sätze

111

FORTGESCHRITTENE

Mobile Wirbelsäule

Mermaid

Die *Meerjungfrau* ist eine wunderbare Dehnung für die Taille. Leider ist die Übung für Personen mit schweren Knieproblemen nicht geeignet.

- Setzen Sie sich aufrecht hin. Ihre Füße sind beide direkt neben Ihrem linken Gesäß »gefaltet«. Ihre linke Hand umfasst den linken Knöchel.
- Atmen Sie zur Vorbereitung ein, heben Sie den rechten Arm lang zur Decke, aktivieren Sie Ihr Powerhouse und führen Sie den rechten Arm in einer flüssigen Bewegung nach links in die Diagonale, so dass Sie eine leichte Dehnung erhalten. **1**
- Atmen Sie entspannt weiter und verstärken Sie mit dem nächsten Ausatmen die Dehnung ein wenig, indem Sie sich mit der linken Hand am Knöchel leicht zur linken Seite »hinüberziehen«.
- Kehren Sie zurück zur Ausgangsposition.
- Setzen Sie nun Ihre rechte Hand mit etwas Abstand zum Becken auf dem Boden auf. Die linke Hand fließt zur Decke. **2**
- Geben Sie Gewicht auf den rechten Arm und verstärken Sie die Diagonale nach rechts, bis Ihr rechter Unterarm auf dem Boden aufliegt und Sie eine

leichte Dehnung im linken Brustkorb verspüren. **3**
- Die Position kurz halten.
- Geben Sie nun bewusst Druck auf Ihre rechte Hand, so dass sich der Arm wieder streckt, und kehren Sie zur Startposition zurück.

Mobile Wirbelsäule — PRAXIS

2

3 Je Seite 2-mal

› Wiederholen Sie die Dehnung und wechseln Sie die dann die Seite. Der Bauch bleibt flach, der Nacken lang und die Schultern während der ganzen Übung weit und offen.
Wichtig: Achten Sie darauf, dass Ihre Schultern sich während der Übung nicht zu den Ohren heraufschieben. Verbinden Sie sie stattdessen gedanklich durch ein dickes Gummiband mit dem Becken. Achtung vor allem im zweiten Teil der Übung: Wenn der rechte Unterarm aufliegt, neigt man dazu, den Kopf auf der Schulter »abzulegen«.

FORTGESCHRITTENE

Starke Schulter, starkes Becken

Leg Pulls Down

Das *Beinziehen nach unten* sorgt für die Kräftigung des Powerhouse sowie der Becken- und Schulterstabilisatoren; die Waden freuen sich über die Dehnung. Aus den Fotos 1–4 ergibt sich die Bewegungsfolge. Schauen Sie sich zur Erinnerung noch einmal die Vorbereitung auf Seite 83 an.

> Gehen Sie in den Vierfüßlerstand. Ihre Arme sind schulterbreit, Ihre Beine hüftbreit aufgestellt. Ihre Wirbelsäule ist lang, Ihr Nacken gestreckt.
> Geben Sie einen leichten Druck auf die Handballen, so dass sich Ihre Arme und der Nacken strecken und die Wirbelsäule sich hebt. **1**
> Atmen Sie zur Vorbereitung in die unteren Rippen und aktivieren Sie mit dem Ausatmen Ihr Powerhouse.
> Drücken Sie den rechten Fußrücken sanft in den Boden und schieben Sie ihn nach hinten heraus, bis sich das Bein streckt und Sie den Fuß mit dem Fußballen aufstellen können. **2**
> Halten Sie Ihr Powerhouse fest und schicken Sie auf dieselbe Art auch das linke Bein nach unten heraus, so dass Sie sich in der Liegestütz-

Starke Schulter, starkes Becken — PRAXIS

position befinden. Das Powerhouse ist aktiv, die Schultern sind integriert und das Becken in einer Linie mit Schultern und Fußknöcheln. **3**

> Atmen Sie ein und heben Sie das rechte Bein mit gestrecktem Fuß einige Zentimeter an. Halten Sie den Bauch flach und Ihr Gewicht mittig, die Wirbelsäule wird durch den Nacken verlängert.

> Atmen Sie aus und schieben Sie die linke Ferse nach unten heraus. **4**

> Atmen Sie wieder ein, führen Sie die linke Ferse zurück und setzen Sie den rechten Fuß wieder ab.

Wichtig: Achten Sie darauf, dass Ihr Becken sich in einer Linie mit den Füßen und dem Kopf befindet und Ihr Po nicht nach oben herausragt. Halten Sie die Schultern weit und offen und die Wirbelsäule stabil zwischen den Schultern platziert. Sie sollte nicht durchhängen. Drücken Sie, um ein Durchhängen zu vermeiden, Ihre Handballen bewusst in den Boden und heben Sie den Nacken in Richtung Decke. Ist Ihnen der Druck auf den Handgelenken zu stark, stellen Sie sie etwas weiter vorne auf oder verlagern Ihr Gewicht mehr nach hinten.

3

4 Je Seite 3-mal

SERVICE — ZUM NACHSCHLAGEN

Übungspläne

Die folgenden drei Übungspläne zeigen Ihnen, wie variabel und vielfältig das Training nach Pilates ist. Genießen Sie ein entspannendes Workout, bearbeiten Sie die weiblichen Problemzonen oder stärken Sie sich mit dem Rücken-Workout das Kreuz!

Entspannungs-Workout

Lassen Sie den Stress des Tages hinter sich! Dauer: ca. 20 Minuten.

1. **Brustkorbatmung** (S. 44)
2. **Beckenboden-Aktivierung** (S. 45)
3. **Kleine Kniekreise** (S. 48)
4. **Hüfte rollen** (S. 52)
5. **Torpedo** (S. 85)
6. **Arme öffnen** (S. 49)
7. **Nacken strecken** (S. 62)
8. **Das Päckchen** (S. 77)
9. **Roll-downs mit Hand** (S. 70)
10. **Rolling like a ball** (S. 86 f.)
11. **Kissen drücken** (S. 64)
12. **Schienbeinpresse** (S. 47)
13. **Nasenkreise** (S. 60)
14. **Dehnung Hüftbeuger** (S. 56)
15. **Dehnung Rückenstrecker** (S. 57)
16. **Das Rad** (S. 67)

1 6- bis 7-mal

5 Je Seite 4-mal

9 4-mal

13 5- bis 10-mal kreisen lassen

Übungspläne **SERVICE**

2 5-mal

3 Je Seite 3-mal

4 Je Seite 3- bis 4-mal

6 Je Seite 3-mal

7 6- bis 7-mal

8 1-mal

10 5-mal

11 5-mal

12 3- bis 4-mal

14 Je Seite 1-mal

15 1-mal

16 4-mal

SERVICE ZUM NACHSCHLAGEN

Bauch-Oberschenkel-Po-Workout:

Ein Workout für die weiblichen Problemzonen – stärkt die Muskeln und strafft die Konturen. Dauer: ca. 35 bis 40 Minuten.

1. **Beckenboden-Aktivierung** (S. 45)
2. **Powerhouse-Aktivierung** (S. 46 f.)
3. **Curl-ups** (S. 58)
4. **Seitliche Curl-ups** (S. 59)
5. **The Hundreds II** (S. 71)
6. **Kissen drücken** (S. 64)
7. **Heel Beats** (S. 79)
8. **Dehnung Gesäßmuskulatur** (S. 65)
9. **Side Kicks Series** (S. 108 f.)
10. **Wirbelsäule aufrollen** (S. 52 f.)
11. **Shoulder Bridge – Vorbereitung** (S. 84)
12. **Dehnung hintere Oberschenkel** (S. 54 f.)
13. **Leg Pulls Down – Vorbereitung** (S. 83)
14. **Der trinkende Löwe** (S. 82)
15. **Mermaid** (S. 112 f.)
16. **Kreidekreise** (S. 69)

1 **5-mal**

5 **4 Sätze**

9 **Je Richtung 3-mal**

13 **Je Seite 6-mal**

Übungspläne   **SERVICE**

2 6- bis 7-mal

3 Je Seite 5-mal

4 Je Seite 5-mal

6 5-mal

7 3 Sätze à 10 Schläge

8 Je Seite 2-mal

10 5-mal

11 3-mal

12 Je Seite 1-mal

14 5- bis 10-mal

15 Je Seite 2-mal

16 Je Seite 2-mal

SERVICE — ZUM NACHSCHLAGEN

Workout für einen gesunden Rücken

Ein Workout, das die Rückenmuskulatur kräftigt und Beschwerden vorbeugt. Dauer: ca. 30 Minuten.

1. **Powerhouse-Aktivierung** (S. 46 f.)
2. **Kreidekreise** (S. 69)
3. **Hüfte rollen** (S. 52)
4. **Curl-ups** (S. 58)
5. **Seitliche Curl-ups** (S. 59)
6. **Dehnung Hüftbeuger** (S. 56)
7. **Dehnung Rückenstrecker** (S. 57)
8. **Wirbelsäule aufrollen** (S. 52 f.)
9. **Dehnung hintere Oberschenkel** (S. 54 f.)
10. **Nacken strecken** (S. 62)
11. **Das Päckchen** (S. 77)
12. **Die Katze** (S. 80)
13. **Das Nadelöhr** (S. 81)
14. **Dehnung Nacken** (S. 66)
15. **Roll-downs** (S. 70)
16. **Rolling like a ball** (S. 86 f.)

1 — 6- bis 7-mal

5 — Je Seite 5-mal

9 — Je Seite 1-mal

13 — Je Seite 3-mal

Bücher, die weiterhelfen

> **Calais-Germain, Blandine:** *Anatomie der Bewegung.* Technik und Funktion des Körpers. Fourier Verlag, Wiesbaden

> **Cantieni, Benita:** *MamaFitness.* Das einzigartige Training für eine unbeschwerte Schwangerschaft. GRÄFE UND UNZER VERLAG, München

> **Cantieni, Benita:** *Tiger Feeling.* Verlag Gesundheit, Berlin

> **Franklin, Eric:** *Beckenboden-Power.* Das dynamische Training für sie und ihn. Kösel Verlag, München

> **Franklin, Eric:** *Locker sein macht stark.* Wie wir durch Vorstellungskraft beweglich werden. Kösel Verlag, München

> **Korte, Antje und Marckhgott, Barbara:** *Pilates-Box.* 40 Übungskarten plus Begleitbuch mit Übungsprogrammen. GRÄFE UND UNZER VERLAG, München

> **Kuhnert, Christin:** *Superbody mit Pilates.* GRÄFE UND UNZER VERLAG, München

> **Marckhgott, Barbara :** *Pilates.* Schön, stark und beweglich. Buch plus 5 angeleitete Übungsprogramme auf Audio-CD. GRÄFE UND UNZER VERLAG, München

> **Pfennighaus, Dietmar:** *Einfach entspannen.* So fühlt sich das Leben leichter an. GRÄFE UND UNZER VERLAG, München

> **Pilates, Joseph H.; Miller, William John; Robbins, Judd:** *Pilates' Return to Life Through Contrology.* Presentation Dynamics Inc.

> **Schleip, Robert:** *Der aufrechte Mensch.* Übungen für eine gelöste Körperhaltung und einen natürlichen Gang. Hugendubel Verlag, München

> **Trökes, Anna:** *Das große Yoga-Buch.* Das moderne Standardwerk zum Hatha-Yoga. GRÄFE UND UNZER VERLAG, München

> **Trökes, Anna:** *Yoga.* Mehr Energie und Ruhe (Buch plus Audio-CD). GRÄFE UND UNZER VERLAG, München

> **Trökes, Anna:** *Yoga für Rücken, Schulter und Nacken.* GRÄFE UND UNZER VERLAG, München

> **Ungaro, Alycea:** *Pilates.* Dorling Kindersley Verlag, Starnberg

> **Urla, Jonathan:** *Yogilates.* Das Kombiprogramm aus Yoga und Pilates. Fit, schlank und beweglich. Goldmann Verlag, München

CDs, Videos und DVDs zum Training

> **Geweniger, Verena:** *YogaPilates.* DVD-Video. Mit Begleitbuch. (S. Toeche-Mittler)

> **Karven, Ursula:** *Power Yoga.* DVD. (VCL Film+Medien AG)

> **Robinson, Lynne:** *Body Control. Die Pilates Methode.* Das vollständige Konditionstrainingsprogramm zur Straffung und Kräftigung Ihres Körpers. Videokassette. (Warner Music Group German)

> **Robinson, Lynne:** *Die Pilates Methode. Weekly Workout.* Die Pilates-Methode für zu Hause. Machen Sie das Beste aus Ihrem Körper. Videokassette. (Warner Music Group German)

> **Rowell; Geoff:** *Musik für Pilates.* CD. (DA Music/Deutsche Austrophon)

Adressen, die weiterhelfen — SERVICE

Adressen, die weiterhelfen

Ein eingetragenes Warenzeichen, mit dem sich der US-Amerikaner Sean P. Gallagher viele Jahre lang die Rechte an dem Namen »Pilates« gesichert hatte, zwang die meisten Pilates-Organisationen und -Studios, sich Namen zu geben, durch die sie nicht sofort als solche erkennbar waren. Im Oktober 2000 verlor Gallagher allerdings einen Rechtsstreit und es wurde ihm das alleinige Recht, den Namen Pilates zu verwenden, aberkannt. Pilates wurde somit der Weg geebnet, in der ganzen Welt populär zu werden.

Auskunft über Trainer in Ihrer Nähe, auch in Österreich und in der Schweiz, Informationen über Pilates und Lehrerausbildungen erhalten Sie bei den folgenden Organisationen:

> **Body Control Pilates**
6 Langley Street, Covent Garden,
London WC2H9JA
Großbritannien
www.bodycontrol.co.uk

Kontakt zur Autorin

> **Antje Korte**
einklang – Studio für
ganzheitliche Körperarbeit
Schweizer Str. 54
46562 Voerde
www.pilates-deutschland.info
antjekorte@web.de

> **Pilates Method Alliance**
P.O. Box 370906
Miami, Florida 33137-0906
USA
www.pilatesmethodalliance.org

> **Pilates Polestar GmbH**
Krefelder Str. 18
50670 Köln
www.pilatespolestar.de

> **Stott-Pilates**
2200 Yonge Street, 1402
Toronto, Ontario
Kanada M4S 2C6
www.stottpilates.com

> **TaMeD – Tanzmedizin Deutschland e. V.**
Buchenweg 6a
76761 Rülzheim
www.tamed.de
(keine Pilates-Organisation, führt aber auch eine Therapeuten-Liste)

Dank der Autorin

Herzlicher Dank geht an Irmela Sommer für die hervorragende Zusammenarbeit, die Modelle und das Team von Tom Roch für die tollen Fotos. Tausend Dank auch an meine Familie, dafür dass ihr mich unterstützt und entbehrt habt!

My dearest thanks to Mr. Nat Horne, who showed me the mystery of good bodywork, precise alignment and isolation, who taught me that a good teacher sees the jewel in each of his students and always has a nice word for everyone. Thank you so much Nat, that you believed in me and that you taught me to believe in myself, too. That was so important to me!

Sachregister

A
Adduktoren 17
Alkohol 24
Arthrose 35
Atmung 8, 16–18
Ausdauersport 21
Ausrichtung 18
Ausstrahlung 9, 18
Ausweichbewegungen 9

B
Balanchine, George 10
Bandscheibenvorfall
  24, 35, 56
Basisstabilisierung 42–47
Bauch-Oberschenkel-
  Po-Workout 118 f.
Bauchmuskulatur 17
Beckenbodenmuskulatur
  16, 17, 45
Beckenstabilisatoren 17
Beweglichkeit 33, 36
Bewegung 19
Bewegungsfluss 19
Bodentraining 8
Brustkorbatmung
  16–18, 44
Brustmuskulatur 17
Brustwirbelsäule 34

D
Dehnungsschmerz 25

E
Einzeltraining 21
Entspannung 8, 15, 42
Entspannungs-Workout
  116 f.

F
Fehlbelastung (des Körpers)
  9, 11

G
Gerätetraining 8, 29
Gesäßmuskulatur 17, 65
Graham, Martha 10

H
Haltungsfehler 8, 13, 18
Hohlkreuz 70
Hüftbeuger 17

I
Ischiasbeschwerden
  11, 36, 57, 65

K
Kinder 19
Kondition 12, 20
Konzentration 18
Koordination 19 f.
Koordinationsfähigkeit 12
Kopfschmerzen 11
Körper-Check 32–36
Körperhaltung 8, 12
Körperwahrnehmung
  8 f., 12
Körperzentrum siehe
  Powerhouse
Kreuz-Darmbein-Gelenk 17
Kyphose 35

L
Lendenwirbelsäule 34
Lordose 35

M
Mattenklasse 8, 21, 29
Mobilisatoren 9–11, 17
Musik 26
Muskelanspannung 23, 25
Muskelarbeit 25
Muskelaufbau 13
Muskelausdauer 21
Muskelbalance 9, 11, 88

Muskeln
 – kurze 11
 – lange 11
 – überdehnte 9, 11
 – verkürzte 9, 11, 22

N
Nackenflexoren 17, 60
Nackenverspannungen
  11, 51, 65, 66
Namen der Übungen 41

O
Oberschenkelmuskulatur 17
Originalübungen 41

P
Periodenschmerzen 64
Pilates, Joseph Hubertus 10
Pilates-Ausbilder 12
Pilates-Basics 32, 40, 42–47
Pilates-Geräte 8, 29
Pilates-Prinzipien 15–20
Pilates-Trainer 24
Powerhouse 16, 17, 41, 68
Pre-Pilates-Übungen
  12, 40 f.
Problemzonen, weibliche
  12, 20, 118

R
Raumtemperatur 27
Rehabilitation 12
Rhythmus
  (der Übungen) 19
Rückenbeschwerden,
  Workout gegen 120 f.
Rückenschmerzen
  11, 24, 57
Rückenstabilisatoren 17
Rückenstrecker 17, 34
Rumpfstabilisatoren 17

Übungsregister

S

Schambeinfuge 17
Schmerzempfinden 24
Schmerzen 24, 25
Schmerzmittel 24
Schulterstabilisatoren 17
Schwangerschaft 24
Schwangerschafts-
  nachsorge 13
Skoliose 35
Stabilisatoren
  9–11, 17, 41
Stahlfedern 29
Studiotraining 29

T

Tanz 10, 13
Training
  – Kleidung 27 f.
  – Plan 37
  – Raum 27
  – Utensilien 28
  – Zeit 26 f.
Turnschuhe 28

U

Übergewicht 21

V

Verletzung, akute 25
Verspannungen 12, 14, 15, 25

W

Wiederholungen, Zahl der 23
Wirbelsäule 35

Y

Yoga 12

Z

Zentrierung 16
Zerrungen 14

A–C

Arme öffnen 49
Armführung 50 f.
Auster 65
Beckenboden-Aktivierung 45
Beckenboden-Aufzug 45
Beinkreise 109
Brustkorbatmung 44
Criss-Cross 98
Curl-ups 58

D–F

Dehnung
  – Adduktoren 57
  – Gesäßmuskulatur 65
  – hintere Oberschenkel 54 f.
  – Hüftbeuger 56
  – Nacken 66
  – Rückenstrecker 57
  – Taille 66
Double Heel Kick 103
Double Leg Stretch I 73
Double Leg Stretch II 96
Flexbandzug nach hinten 61
Flexbandzug nach vorne 60 f.

H–K

Heel Beats 79
Hüfte rollen 52
Hundreds I 71
Hundreds II 71
Hundreds III 89
Katze 80
Kissen drücken 64
Knie heben 48
Kleine Kniekreise 48
Kreidekreise 69

L–R

Leg Pulls Down 114 f.
  – Vorbereitung 83
Mermaid 112 f.
Nacken strecken 62
Nadelöhr 81
Nasenkreise 60
Neutrale Position 42 f.
Open Leg Rocker 100 f.
  – Vorbereitung 75
Päckchen 77
Pfeil 63
Powerhouse-Aktivierung 46 f.
Rad 67
Roll-downs 70
Roll-over 92 f.
Roll-ups and -downs 90 f.
Rolling like a ball 86 f.

S

Saw 99
Scheibenwischer 49
Schienbeinpresse 47
Schulter fallen lassen 51
Seitliche Curl-ups 59
Shoulder Bridge 110 f.
  – Vorbereitung 84
Side Kicks Series 108 f.
Single Heel Kick 102
Single Leg Circles 94
Single Leg Stretch I 72
Single Leg Stretch II 95
Single Straight Leg 97
Small Arches 78
Spine Twist 105
Stern I 76
Stern II 76
Stern III 77
Swimming 104

T–W

Teaser 106 f.
  – Vorbereitung 74
Torpedo 85
Trinkender Löwe 82
Wirbelsäule aufrollen 52 f.

Impressum

© 2004 GRÄFE UND UNZER VERLAG GmbH, München
Alle Rechte vorbehalten. Nachdruck, auch auszugsweise, sowie Verbreitung durch Bild, Funk, Fernsehen und Internet, durch fotomechanische Wiedergabe, Tonträger und Datenverarbeitungssysteme jeder Art nur mit schriftlicher Genehmigung des Verlages.

Programmleitung:
Ulrich Ehrlenspiel

Redaktion: Monika Rolle

Lektorat: Irmela Sommer

Bildredaktion: Natascha Klebl

Umschlaggestaltung und Innenlayout: independent Medien-Design

Herstellung: Petra Roth

Satz: Knipping Werbung GmbH, München

Repro: Ludwig, Zell am See

Druck: Appl, Wemding

Bindung: Sellier, Freising

Fotoproduktion: Tom Roch

Weitere Fotos:
Corbis: S. 29. Folio ID: S. 30.
GU: S. 26 (J. Rickers).
Jalag: S. 6 (Ch. Dahl).
Jump: S. 13, U3 (K. Vey).
Zefa: S. 19.
Rapoport, I.C.: S. 10.

Illustrationen:
Heidemarie Vignati

Für die freundliche Unterstützung der Fotoproduktion ein Dankeschön an:
IKEA, Eching; C & A, München; Kokon, München; Reebok Deutschland, Oberhaching

Wichtiger Hinweis

Die Informationen in diesem Buch stellen die Erfahrung bzw. Meinung der Verfasserin dar. Sie wurden von ihr nach bestem Wissen erstellt und mit größtmöglicher Sorgfalt geprüft. Alle Übungen wurden sorgfältig danach ausgewählt, wie sie sich im Studio bewährt haben. Sie sind für Menschen mit normaler Konstitution geeignet. Es liegt jedoch in der Verantwortung der Leserinnen und Leser zu entscheiden, wie häufig sie eine Übung ausführen oder ob sie sich gegen eine Übung entscheiden. Lassen Sie sich in allen Zweifelsfällen zuvor durch einen Arzt oder Therapeuten beraten! Weder Autorin noch Verlag können für eventuelle Nachteile oder Schäden, die aus den im Buch gegebenen praktischen Hinweisen resultieren, eine Haftung übernehmen.

Die GU-Homepage finden Sie unter www.gu-online.de

DAS ORIGINAL MIT GARANTIE

Ihre Meinung ist uns wichtig. Deshalb möchten wir Ihre Kritik, gerne aber auch Ihr Lob erfahren. Um als führender Ratgeberverlag für Sie noch besser zu werden. Darum: Schreiben Sie uns! Wir freuen uns auf Ihre Post und wünschen Ihnen viel Spaß mit Ihrem GU-Ratgeber.

Unsere Garantie: Sollte ein GU-Ratgeber einmal einen Fehler enthalten, schicken Sie uns das Buch mit einem kleinen Hinweis und der Quittung innerhalb von sechs Monaten nach dem Kauf zurück. Wir tauschen Ihnen den GU-Ratgeber gegen einen anderen zum gleichen oder einem ähnlichen Thema um.

GRÄFE UND UNZER VERLAG
Redaktion Körper & Seele
Postfach 86 03 25
81630 München
Fax: 089/41981-113
E-Mail: leserservice@
graefe-und-unzer.de

Umwelthinweis

Dieses Buch wurde auf chlorfrei gebleichtem Papier gedruckt. Um Rohstoffe zu sparen, haben wir auf Folienverpackung verzichtet.

ISBN(10)   3-7742-6653-0
ISBN(13) 978-3-7742-6653-7

Auflage:
5.   4.
2008 2007 2006 2005

GU RATGEBER FITNESS

Richtig trainieren – sich rundum wohl fühlen

ISBN (10)   3-7742-6359-0
ISBN (13) 978-3-7742-6359-8
128 Seiten | € 12,90 [D]

ISBN (10)   3-7742-6841-X
ISBN (13) 978-3-7742-6841-8
128 Seiten | € 12,90 [D]

ISBN (10)   3-7742-6648-4
ISBN (13) 978-3-7742-6648-3
128 Seiten | € 12,90 [D]

ISBN (10)   3-7742-6244-6
ISBN (13) 978-3-7742-6244-7
128 Seiten | € 12,90 [D]

Die Reihe zu aktuellen Themen aus dem Fitnessbereich, mit vielen Übungen von einfach bis anspruchsvoll und wertvollen Tipps von kompetenten Autoren. Bewegungsfreudige können endlich durchstarten!

WEITERE LIEFERBARE TITEL:

➤ Yoga für Anfänger

➤ Yoga für Rücken, Schulter und Nacken

➤ Laufen zum Abnehmen

Willkommen im Leben.

Änderungen und Irrtum vorbehalten.

Das Wichtigste auf einen Blick

ENTSPANNUNG AUF JEDER EBENE!

Pilates hilft durch bewusste Entspannung, Ihren Körper zu lockern. Dadurch gehen Sie leichter und beschwingter durch den Alltag. Sie werden aufmerksamer für Ihre eigene Verfassung und lernen, Verspannungen und Belastungen auszuschalten oder zu reduzieren. Im Training und im normalen Alltagsleben!

DER NAME – DIE AUSSPRACHE

Der Begründer des Pilates-Trainings, Joseph Hubertus Pilates, war Deutscher, dementsprechend wird Pilates genau so ausgesprochen, wie es geschrieben wird, nämlich Pi-la-tes. Lediglich in englischsprachigen Ländern wird das E in der Aussprache durch ein langes I ersetzt. Pilates spricht man dort Pi-la-tiis.

Barfuß und bequem

Das Wichtigste für Ihr Trainingsoutfit ist der Faktor Bequemlichkeit. Suchen Sie sich Ihre Trainingskleidung danach aus, wie wohl Sie sich darin fühlen. Probieren Sie vor allem, ob die Hose Ihnen uneingeschränkte Bewegungsfreiheit bietet: Legen Sie sich beim Anprobieren – wenn möglich! – auch einmal auf den Boden und testen Sie, ob die Hose im Schritt zwickt, wenn Sie ein Bein fest zu sich heranziehen. Super angenehm: Im Pilates wird barfuß trainiert, wenn Sie möchten, ziehen Sie Socken an. Turnschuhe sind nicht nötig.